Hand aufs Herz

Rolf-Bernhard Essig

Hand aufs Herz

Redensarten von Kopf bis Fuß und ihre wunderbaren Geschichten

Mit Illustrationen von Detlef Surrey

Dudenverlag
Berlin

Inhalt

Redensarten aus Fleisch und Blut

»Daumen hoch!« Diese Redewendung mögen wir und erst recht das sympathische Zustimmungszeichen auf unseren Displays. Beides wird jeden Tag milliardenfach verwendet und kulturübergreifend verstanden – ob als Symbol in sozialen Netzwerken, ausgesprochen oder mit der Hand gezeigt. Das gilt auch für das Gegenstück, also den gesenkten Daumen oder »Daumen runter!«

Der Ursprung dieser Gesten liegt in der Antike, doch verhält es sich etwas anders, als viele meinen: Die Römer kannten wohl in der Arena den gesenkten Daumen als Zeichen für das Töten eines Gladiators. Wollten sie, dass er überlebt, drückten sie den Daumen, so wie wir es noch heute tun. Warum fast 2000 Jahre später die Geste »Daumen hoch!« entstand, erfahren Sie in diesem Buch, das einige der unzähligen Körperredensarten versammelt und erklärt.

Wie viele es insgesamt sind, weiß niemand, zumal jeden Tag neue Redensarten entstehen und alte in Vergessenheit geraten, aber sicher geht die Zahl in die Tausende. Das fünfbändige Werk »Deutsches Sprichwörter-Lexikon« von Karl Friedrich Wilhelm Wander verzeichnete im Jahr 1880 allein 322 Beispiele für »Arm«, 177 für »Bein«, 1017 für »Hand«, 628 für »Herz«, 751 für »Auge«, 338 für »Mund«, 427 für »Nase« und 889 für »Kopf« – das sind schon über 4000. Viele davon zernagte der Zahn der Zeit wie etwa den Ausdruck »den Kopf hängen wie die jungen Puter bei Regenwetter« für Niedergeschlagenheit. Dafür sind inzwischen zahlreiche Wendungen hinzugekommen, beispielsweise: »Dahinter steckt immer ein kluger Kopf«, ein Motto aus der Zeitungswerbung, das sich längst verselbstständigt hat. Auch Dialekte, die Umgangssprache und die Fachsprachen haben Körperredensarten beigesteuert, sodass – schweren Herzens – eine Auswahl getroffen werden musste. Das Buch vermittelt gleichwohl einen Eindruck der großen Fülle, widmet sich aber besonders solchen sprichwörtlichen Redensarten, die einen überraschenden Hintergrund haben. Es bleiben auch so noch weit über 500 übrig!

Es liegt auf der Hand, dass uralte Gesten wie der »Stinkefinger« oder die erhobene Friedenshand weltweit zu Redensarten führten. Dabei gibt es zum Teil erhebliche kulturelle Unterschiede. Wer im Norden Griechenlands, in Albanien und Bulgarien oder auf Sri Lanka den Kopf schüttelt, meint »Ja!«, in Indien verbindet man sogar Schütteln und Nicken. Im angelsächsischen Kulturkreis sagt man »die Finger gekreuzt halten« anstatt »den Daumen drücken«. Und während in Italien die mano cornuta (italienisch »gehörnte Hand«) entweder eine Geste gegen den bösen Blick ist oder einen Mann als Gehörnten und Schlappschwanz beleidigt, verwenden Heavy-Metal-Fans sie als Erkennungszeichen und Ausdruck ihrer Begeisterung auf Konzerten.

Weit über die Gesten hinaus ist unser Körper eine reiche Quelle für Sprichwörtliches, denn er spiegelt unsere Gefühle und Befindlichkeiten wider: Bei unangenehmen Erfahrungen »schlägt uns etwas auf den Magen«. In fordernden Situationen »schwitzen wir Blut und Wasser«. Wir »halten uns den Bauch vor Lachen«, wenn es richtig lustig wird. Und wenn wir einen Thriller im Kino ansehen »läuft es uns kalt den Rücken hinunter«. Nicht nur Verhörexperten oder Psychotherapeuten, sondern auch unseren Mitmenschen verraten wir durch die Körpersprache bewusst und unbewusst sehr viel über unsere Meinungen und Gedanken.

Schon deshalb finden sich in jedem Wortschatz der Welt massenhaft Redensarten mit Bezug zum menschlichen Körper – »von Kopf bis Fuß« und »vom Scheitel bis zur Sohle.« Viele davon erklären sich selbst: Wer »den Mund zu voll nimmt«, hat zu viel versprochen, wer etwas nur »mit Bauchschmerzen macht«, tut es sehr ungern, und wer etwas »hütet wie seinen Augapfel«, der achtet sehr sorgfältig darauf. Wer will schon seinen Augapfel verlieren? Bei anderen Redensarten kann man allerdings ins Grübeln kommen. Wieso sagt man »jemanden an der Nase herumführen«, wenn man jemanden veräppelt, oder ganz schön »blauäugig sein«, wenn jemand sehr naiv ist? Schließlich könnte man einen auch an den Ohren herumführen und schwarzäugig sein.

Die Erklärungen für die Entstehung solcher Körperredensarten sind manchmal komisch, oft überraschend und immer bereichernd. Hinter vielen stecken alte Geschichten, Aberglaube oder lang vergessene Bräuche. Manche kennt man in vielen Kulturen, andere ausschließlich im Deutschen. Oft macht es übrigens auch einen Unterschied, ob sprichwörtliche Redensarten auf Männer oder Frauen angewendet werden, wie Sie es bei »Haare auf den Zähnen haben« bemerken werden. Die jeweiligen geschlechtsspezifischen Unterschiede systematisch zu untersuchen, hätte allerdings den Umfang gesprengt.

Dabei versichere ich Ihnen: Alle Erklärungen hier haben Hand und Fuß – dafür lege ich meine Hand ins Feuer!

P.S. Über den Körper und seine bewundernswerten Fähigkeiten, beispielsweise zur Selbstheilung, klärt mich seit Jahren mein alter Freund und exzellenter Mediziner Dr. Adrien Michael Marcel Hümmer auf, dem ich dieses Buch dankbaren Herzens widme.

Ihr Rolf-Bernhard Essig

Der Kopf

Helles Köpfchen, Hohlkopf
oder hirnverbrannt?

»Solange der Kopf
auf dem Hals sitzt,
trägt das Knie keinen
Hut.«

(aus Ghana)

DER KOPF SELBST

Allein für den Kopf gibt es Dutzende Bezeichnungen, von »Haupt« in der gehobenen Sprache bis zu »Schädel«, von den umgangssprachlichen Bezeichnungen »Birne« oder »Rübe« bis zu »Dez«, »Nischel« oder »Bilmes« im Dialekt ganz zu schweigen. Kaum ein Körperteil ist so präsent in der Sprache. Viele der Redewendungen haben etwas mit seiner Leitungsfunktion und seiner großen Bedeutung zu tun; so der **»Kopf der Bande«**, das **»Haupt der Verschwörung«**, der **»kapitale Hirsch«** und das **»Kapitalverbrechen«**. Die letzten beiden Ausdrücke verdanken sich dem lateinischen Wort *caput* für den Kopf.

Selbst die Art wie wir ihn halten, schlägt sich in Redensarten nieder. Wer **»den Kopf hängen lässt«**, zeigt seine Niedergeschlagenheit. So jemandem ruft man aufmunternd **»Kopf hoch!«** zu. Reckt ihn jemand zu hoch, wirkt er freilich arrogant und abweisend, vor allem wenn ihm **»etwas zu Kopfe gestiegen ist«**. Man sieht förmlich, wie Lob oder Erfolg ins Hirn steigen und den Geist vernebeln.

Wir nicken oder schütteln den Kopf, um Zustimmung oder Ablehnung zu signalisieren. Und wenn wir uns über etwas wundern oder empört sind, dann **»schütteln wir darüber den Kopf«**, als sagten wir **»Nein, nein, nein!«**.

Als Behältnis des Denkorgans – **»Oberstübchen«**, **»Hirnkastel«** – steht der Kopf sprichwörtlich für Klugheit (**»Köpfchen haben«**, **»ein kluger oder heller Kopf sein«**) oder für den Mangel daran (**»nichts im Kopf oder in der Birne haben«**, **»ein Hohlkopf sein«**). Manch dummer Mensch gleicht sprichwörtlich einem ausgestopften Tier, das nur **»Stroh im Kopf«** hat. Dann hört man oft den Stoßseufzer: **»Herr, lass Hirn regnen!«** Selbst das wäre vergeblich, wenn jemand **»einen Sprung in der Schüssel«** hätte, womit der Volksmund die defekte Hirnschüssel meint.

»Kleine/leichte Schläge auf den Hinterkopf erhöhen die Denkfähigkeit«, behaupteten Väter, um einen aufmunternden oder zurechtweisenden Klaps zu rechtfertigen. Heute weiß man, wie stark Erschütterungen, Schläge oder ein Aufprall das Hirn beeinträchtigen oder schädigen können. Daraus erklärt sich auch der leicht ironische Hinweis auf kluge Menschen, denen man bescheinigt, sie seien eben **»nicht auf den Kopf gefallen«**.

ein Brett vor dem Kopf haben

Bedeutung: dumm oder beschränkt sein; unfähig, das Offensichtliche zu bemerken

Hintergrund: In der traditionellen Landwirtschaft setzte man Ochsen als Zugtiere ein. Zu diesem Zweck trugen sie ein Stirn- bzw. Hornjoch. Störrischen Tieren hängte man außerdem ein Blendbrett quer vor die Augen, sodass diese vorsichtig nur einen Schritt vor den nächsten setzten. Der Anblick war vielen vertraut und als Bild für beschränkte Menschen sehr geeignet, die man überdies damit indirekt als Ochsen bezeichnete.

den Kopf in den Sand stecken

Bedeutung: Unangenehmes nicht wahrnehmen wollen, etwas verdrängen

Hintergrund: Der Vogel Strauß, so behaupteten Forscher und Philosophen der Antike, stecke bei Gefahr seinen Kopf in den Sand. Das stimmt zwar nicht, aber bis weit in die Neuzeit hinein übernahm man diese Behauptung ungeprüft und stellte sie immer wieder bildlich dar. Spätestens seit dem 20. Jahrhundert zeichneten Karikaturisten nicht mehr Strauße, sondern Menschen, die den Kopf in den Sand steckten – als Sinnbild für ängstliches und zugleich nutzloses Verhalten.

ein Kopf-an-Kopf-Rennen, um eine Kopflänge gewinnen

Bedeutung: ein bis zum Ende offenes Rennen; sehr knapp gewinnen

Hintergrund: Die Redensart stammt aus dem Pferderennsport. Hier gibt es seit weit über 100 Jahren den Ausdruck **»um eine Kopflänge gewinnen«** für einen knappen Sieg. Ein spannendes Rennen, bei dem die Pferde lange Zeit gleichauf liegen, nennt man **»ein Kopf-an-Kopf-Rennen«**. Der berühmte Tango-Song »Por una cabeza«, also »Um einen Kopf« (1935, Musik: Carlos Gardel, Text: Alfredo la Pera) beschreibt die Niederlage eines Favoriten im Pferderennen um eine Kopflänge.

Flausen im Kopf haben

Bedeutung: unrealistische Pläne und Ideen haben

Hintergrund: Bei einer Waschmaschine muss man regelmäßig das Flusensieb säubern, denn darin bleiben lose Fäden, Fasern oder andere Teile von Textilien hängen. Diese heißen »Flusen« oder »Flausen«.

Im Gegensatz zu festem Gewebe haben die Flausen als lose, wirre Fäden und Fasern keinen Wert. Nun verglich man schon lange das Verknüpfen von Gedanken oder das Erstellen einer guten Rede mit dem Weben von Stoffen, wie das Bild des Erzählfadens zeigt. Da lag es nahe, jemandem, der wirre, unausgegorene Gedanken hatte, vorzuwerfen, nur **»Flausen im Kopf«** zu haben. Den Ausdruck übertrug man dann auf Luftschlösser, absurde Ideen und besonders unrealistische Pläne. Vor allem Eltern versuchen, ihren Kindern solche **»Flausen auszutreiben«**.

jemandem den Kopf waschen, nicht ganz sauber sein

Bedeutung: jemanden heftig tadeln bzw. ihm die Meinung sagen; unvernünftig bzw. dämlich sein

Hintergrund: Das Schmutzige gilt seit der Antike als Gegenbild zum Reinen, Hellen und Vernünftigen. Wer sich wider die Regeln der klaren Vernunft verhielt, dem warf man unsauberes Denken vor. Das führte zu Ausdrücken wie **»nicht ganz sauber sein«**.

Das Kopfwaschen als Synonym für die Reinigung der Gedanken lag also nahe. Zudem gab es Krankheitssymptome *am* Kopf wie den Grind, die man als Zeichen dafür ansah, dass auch *im* Kopf etwas nicht stimmte. Die sehr unangenehme Heilmethode für den Grind, Kopfwaschen mit scharfer Lauge, bot sich für eine Übertragung auf das strenge Tadeln »übler« Gedanken an. So hieß es im 16. Jahrhundert: **»Auf einen grindigen Kopf gehört scharfe Lauge.«** Die heute übliche Form verwendete schon im 17. Jahrhundert der wortgewaltige Prediger Abraham a Sancta Clara.

den Kopf aus der Schlinge ziehen

Bedeutung: sich aus einer bedrohlichen Lage befreien

Hintergrund: Die Redensart bezieht sich auf die Todesstrafe des Hängens am Galgen. Wer die Schlinge um den Hals hatte, war rechtskräftig verurteilt, hatte seine Beichte abgelegt und wartete nur noch auf den Tod. In sehr seltenen Fällen kam es allerdings zur Begnadigung im letzten Moment oder zu spektakulären Fluchtaktionen, bei denen der Verurteilte seinen **»Kopf aus der Schlinge ziehen«** konnte.

jemanden über die Klinge springen lassen

Bedeutung: jemanden töten, abservieren

Hintergrund: Bei einer Enthauptung trennten versierte Henker den Kopf mit einem einzigen Schwertschlag vom Rumpf. Der sprang durch die Wucht des Schlages zuweilen tatsächlich etwas in die Höhe und landete in einem bereitstehenden Korb. Ähnlich zynische Redensarten sind **»einen Kopf kürzer machen«** oder **»den Kopf vor die Füße legen«**.

den Kopf verlieren, kopflos handeln

Bedeutung: panisch und gedankenlos handeln

Hintergrund: Der fehlende Kopf steht hier stellvertretend für fehlende Vernunft, fehlendes Nachdenken.

Kopf und Kragen riskieren

Bedeutung: tollkühn, leichtsinnig, unbedacht handeln

Hintergrund: Die Doppelformel **»Kopf und Kragen«** entstammt der mittelalterlichen Rechtsprechung, die mit »Kragen« den Hals bezeichnete und den Ausdruck aufs Enthaupten bezog. Entsprechend beschreibt die Redensart sehr gefährliches Verhalten.

jemandem nicht gleich den Kopf abreißen

Bedeutung: Beschwichtigung, dass etwas nicht so schlimm wird wie befürchtet

Hintergrund: Im Gegensatz zur Enthauptung durch Schwert oder Fallbeil wirkt das Abreißen des Kopfes extrem brutal und gerade in dieser Übertreibung scherzhaft. So bekommt die drastische Redensart ihre lustig tröstende Bedeutung, dass unangenehme, doch nicht katastrophale Folgen zu erwarten seien.

für jemanden den Kopf hinhalten

Bedeutung: die Strafe eines anderen auf sich nehmen oder die Verantwortung für dessen Taten, Aussagen etc. übernehmen

Hintergrund: In seltenen Fällen erhielten zum Tode Verurteilte die Gnade, zuvor noch etwas in Freiheit zu erledigen. An ihrer statt inhaftierte man einen Freund oder Verwandten, der mit seinem Leben für die Rückkehr des Verurteilten bürgen musste.

jemanden kopfscheu machen

Bedeutung: jemanden irritieren, ängstigen

Hintergrund: Wenn man einem Pferd unversehens an den Kopf greift, zieht es ihn plötzlich und heftig zurück. Das nennt man **»kopfscheu sein«**. Vor etwa 200 Jahren übertrug man das auf Menschen, die leicht zu verunsichern oder einzuschüchtern waren.

jemandem den Kopf verdrehen

Bedeutung: jemanden in sich verliebt machen

Hintergrund: Die Redensart bezieht sich auf die Gleichsetzung von Verliebtheit und Verrücktheit. Wer verrückt ist – auch vor Liebe –, hat **»verdrehte Gedanken«**; für diese steht hier einfach der Kopf.

jemandem/etwas die Stirn bieten, die Stirn haben

Bedeutung: sich widersetzen; frech oder unverschämt sein

Hintergrund: Bei Prügeleien setzt man gelegentlich die Stirn beim Kopfstoß als Waffe ein. Seit je galt außerdem die stolz dargebotene Stirn als Zeichen der Stärke und des Widerstands, was zur ersten der beiden Redensarten führte. Diese Geste interpretierte man überdies als eine Art von herausfordernder Frechheit.

jemandem steht etwas auf der Stirn / ins Gesicht geschrieben

Bedeutung: Die Haltung oder Gefühle eines Menschen sind klar erkennbar.

Hintergrund: Die Redensart vergleicht die flache, offen gezeigte Stirn mit einer Tafel, auf der die Gestimmtheit und Haltung einer Person abzulesen ist. Das steht im Zusammenhang mit der Überzeugung der Antike, man könne im Gesicht des Menschen lesen wie in einem Buch. Aus der Bibel ist das Beispiel des Brudermörders Kain bekannt. Er trägt auf der Stirn ein gut lesbares göttliches Zeichen – das selbst sprichwörtlich gewordene **»Kainsmal«**. Zum Weiterleben der Redensart trug ebenso der Golem aus der jüdischen Sagenwelt bei. Er ist ein Wesen aus Lehm, das durch eine Schrift auf der Stirn zum Leben erweckt und durch Wegwischen eines Buchstabens darauf in einen Lehmhaufen zurückverwandelt wird.

mit dem Kopf durch die Wand wollen, sich den Schädel einrennen, seinen Kopf durchsetzen, dickköpfig / ein Dickschädel sein

Bedeutung: rücksichtslos seinen Willen durchsetzen wollen oder stur sein

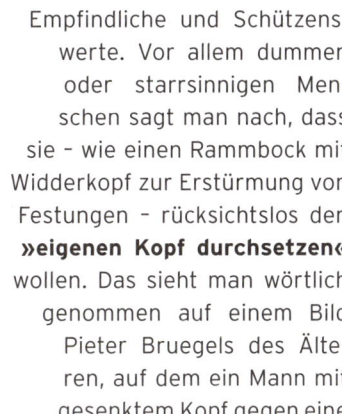

Hintergrund: Der Kopf steht sowohl für das unnachgiebig Harte, wie man an den Stirn-Redensarten ablesen kann, als auch für das Empfindliche und Schützenswerte. Vor allem dummen oder starrsinnigen Menschen sagt man nach, dass sie – wie einen Rammbock mit Widderkopf zur Erstürmung von Festungen – rücksichtslos den **»eigenen Kopf durchsetzen«** wollen. Das sieht man wörtlich genommen auf einem Bild Pieter Bruegels des Älteren, auf dem ein Mann mit gesenktem Kopf gegen eine

Backsteinmauer anrennt. Er wird sich wohl **»den Schädel einrennen«**, weil er so **»ein Dickschädel«** und **»dickköpfig«** ist. Diese Redensarten führen scherzhaft Unempfindlichkeit gegenüber Ratschlägen und Vernunft auf dicke Schädelknochen zurück.

jemandem etwas auf den Kopf zusagen

Bedeutung: jemanden etwas direkt sagen, ihn ohne Zögern beschuldigen

Hintergrund: Der Kopf steht hier für die Person und ihre Verantwortung für eine Tat. Bei einer klaren Schuld kann man sich höfliche Formulierungen sparen und jemandem die Wahrheit ohne Umschweife direkt ins Gesicht sagen.

jemanden vor den Kopf stoßen, wie vor den Kopf geschlagen sein

Bedeutung: jemanden rücksichtslos mit etwas konfrontieren; schockiert sein

Hintergrund: Eine rücksichtslos harsche Kritik, eine beleidigende Geste, ein unverschämtes Verhalten wird hier mit einem Stoß oder Schlag vor den Kopf verglichen.

sich etwas aus dem Kopf schlagen

Bedeutung: eine lieb gewordene unrealistische Vorstellung, Hoffnung, Liebe o. Ä. aufgeben

Hintergrund: Gedanken können sich, wie man bildhaft formuliert, im Kopf festsetzen. Die Redensart vergleicht sie mit anhaftendem Material, das nur gewaltsam, etwa mit den Schlägen eines Hammers, entfernt werden kann.

auf dem Kopf stehen, etwas auf den Kopf stellen

Bedeutung: verkehrt oder durcheinander sein; etwas rücksichtslos durchsuchen oder verändern

Hintergrund: Das Auf-dem-Kopf-Stehen ist seit jeher ein Sprachbild für das Unnatürliche und Verkehrte. Wer ein Zimmer oder ein Haus gründlich durchsucht, der kehrt tatsächlich das Unterste zuoberst.

Und wenn du dich auf den Kopf stellst!

Bedeutung: Absage und Verweigerung im Sinne von: Wie auch immer du dich aufführst, es wird nicht so gemacht, wie du willst!

Hintergrund: Der Kopfstand gilt als etwas Außerordentliches, zu dem Artisten oder Turner imstande sind, das im Alltag aber nicht üblich ist. Selbst ein so extremes Verhalten, meint die scharf zurechtweisende Redensart, hilft in diesem Fall nicht, den eigenen Willen durchzusetzen.

nicht wissen, wo einem der Kopf steht

Bedeutung: verwirrt, überfordert oder durcheinander sein

Hintergrund: Ist – vor allem wegen zu vieler Aufgaben – nicht einmal mehr die Position des Kopfes klar, also der Planungs- und Vernunftinstanz, liegt extreme Verwirrung vor.

einen dicken/schweren Kopf haben

Bedeutung: starke Kopfschmerzen oder einen Kater haben

Hintergrund: Nach zu reichlichem Alkoholgenuss empfinden viele Menschen ihren Kopf als unangenehm vergrößert, geschwollen oder schwer. Tatsächlich beeinträchtigt Alkohol die Selbstwahrnehmung und die Steuerung von Körperfunktionen noch Stunden nach dem Konsum erheblich.

ein Mühlrad geht einem im Kopf herum

Bedeutung: starke Kopfschmerzen haben; durcheinander sein; einen Kater haben

Hintergrund: Starke Kopfschmerzen oder ein Kater bewirken Schwindelgefühle und Orientierungsprobleme, überempfindliches Hören oder unangenehme Geräuschempfindungen. Die erinnern an die bis weit ins 19. Jahrhundert alltäglichen Mühlräder an Bächen mit ihren lauten, brausenden, stampfenden Geräuschen und schweren Drehbewegungen. Besonders die Schülerszene in Goethes Drama »Faust« machte den Ausdruck beliebt: »Mir wird von alledem so dumm, als ging mir ein Mühlrad im Kopf herum.«

jemandem platzt gleich der Schädel

Bedeutung: Kopfschmerzen haben, zu viel lernen oder Informationen aufnehmen müssen

Hintergrund: Starke Kopfschmerzen lösen ein unangenehmes Druckgefühl aus. Das passt gut zum Bild des mit Informationen vollgestopften Schädels als eines Dampfkessels, der zu platzen droht. Früher existierte die volkstümliche Vorstellung, dass Wissen den Kopf geradezu physisch anfülle und – was gern bespöttelt wurde – die Gefahr des Platzens mit sich bringe.

etwas bereitet keine Kopfschmerzen / kein Kopfzerbrechen

Bedeutung: etwas macht keine Sorgen, ist nicht besonders wichtig

Hintergrund: Viele glauben, intensives Denken und Sorgen rufe Kopfschmerzen hervor und belaste den Kopf. Das könne gar bis zum sprichwörtlichen **»Kopfzerbrechen«** führen. Was solche Wirkungen nicht verursacht, gilt als wenig bedeutend.

etwas wächst jemandem über den Kopf

Bedeutung: überfordert sein

Hintergrund: Die Redensart vergleicht ein Problem mit einem Gewächs, das mit seiner Größe die Sicht des Menschen beeinträchtigt und ihn förmlich überwuchert. Sie spielt mit dem Bild auf eine Überforderung des Kopfes und damit der Denkkraft an.

eins/einen auf die Zwölf kriegen

Bedeutung: einen harten Schlag ins Gesicht oder einen K.-o.-Schlag bekommen

Hintergrund: Wenn man beim Boxen **»auf den Punkt«** bzw. das Kinn trifft, kann das beim Gegner zu einem Knock-out führen. Diesen treffsicheren Schlag verglich man mit dem Schuss eines Schützen, der punktgenau die Mitte der Zielscheibe, also **»ins Schwarze traf«**. Es gab auch Zielscheiben mit Wertungsringen und einer Zwölf als Bestmarke. Gut möglich, dass auch der Vergleich des runden Gesichts mit einem Wecker hineinspielt, auf dem die Zwölf die höchste Zahl ist.

DAS GESICHT

Das Wort »Gesicht« beschreibt zuallererst die Vorderansicht des Kopfes in ihrer individuellen Ausprägung, aber auch die Miene eines Menschen, mit der er seine Stimmung bewusst oder unbewusst ausdrückt. Und schließlich steht es stellvertretend für den Ruf eines Menschen, weil es in den meisten Kulturen unverhüllt und für alle sichtbar ist. Unser Hirn hat die außerordentliche Fähigkeit, Gesichter im Nu zu erkennen. Sie ist so ausgeprägt, dass wir sogar in zufälligen Strukturen, die Gesichtern nur entfernt ähneln, welche wahrnehmen. In Sekundenbruchteilen erkennen wir Personen und wissen, woher wir sie kennen, wer sie sind und wie ihre Namen lauten – allein durch einen Blick ins Gesicht. Selbst Alter, Brillen und veränderte Frisuren irritieren uns dabei nicht besonders. Häufig lösen Gesichter starke, häufig unwillkürliche und unbewusste emotionale Reaktionen aus.

etwas zu Gesicht bekommen, das zweite Gesicht haben

Bedeutung: etwas sehen; Übernatürliches wahrnehmen können

Hintergrund: Das Substantiv »Gesicht« schließt auch die – heute nur noch seltene – Bedeutung »Sehsinn« ein. Wer **»etwas zu Gesicht bekommt«**, der sieht es. Im Aberglauben und in der Esoterikszene spricht man vom **»zweiten Gesicht«** als einem übernatürlichen Sehsinn, der es erlaubt, das Geisterreich oder in die Zukunft zu sehen.

jemandem wie aus dem Gesicht geschnitten sein, einen feinen Gesichtsschnitt haben

Bedeutung: jemandem stark ähneln; ein feines Gesicht haben

Hintergrund: »Schneiden« kann außer »abtrennen« oder »einkerben« auch »gestalten«, »formen« oder »ändern« bedeuten. In diesem Sinne heißen die beiden Redensarten »wie nach dem Gesicht eines anderen geformt sein« und »ein fein geformtes Gesicht haben«.

Gesichter schneiden

Bedeutung: grimassieren

Hintergrund: Hier bedeutet »Gesicht« so viel wie »Miene« oder »Mimik« im intensiven Sinn, »schneiden« bedeutet wie oben »formen«. Eine Variante der Redensart lautet **»Grimassen schneiden«**.

ein Schlag ins Gesicht

Bedeutung: Beleidigung, Kränkung, Gemeinheit

Hintergrund: Sind Schläge an sich schon eine grobe Misshandlung, so ist der Schlag ins Gesicht eine solche Schande, dass sie in vielen Kulturen nur – wie man bildstark formulierte – mit Blut abgewaschen werden konnte. Regelmäßig kam der Schlag ins Gesicht hierzulande als handfeste Aufforderung zum Duell vor, nachdem die Sitte des Fehdehandschuh-Werfens altmodisch geworden war.

das Gesicht wahren/verlieren, ein Gesichtsverlust sein

Bedeutung: seinen Ruf wahren; beschämt werden

Hintergrund: Die Redensart übernahm das Abendland vor allem von China und Japan. Dort existiert ein besonderes Konzept von »Gesicht« als individueller Besitz mit sozialer Bedeutung. Dieser Besitz kann durch Ansehen, Lob, Erfolg oder Vertrauensgewinn wachsen, im negativen Fall sich mindern. Das Gesicht entspricht in diesem Sinn dem Charakter, der Würde und dem Ruf eines Menschen. Der Verlust des Gesichts galt als außerordentlich schwerwiegend, kaum reversibel und zog oft massive Verachtung, ja Ächtung, und damit den »sozialen Tod« nach sich.

sein wahres Gesicht zeigen

Bedeutung: seinen eigentlichen, meist miesen Charakter offenbaren

Hintergrund: Mit Hilfe von Schminke, Masken oder Verstellung kann man sein Wesen, seine Absichten und Gefühle verbergen. Da bei einer Täuschung oder Maskierung durchweg negative Motive unterstellt werden, bezieht man die Redensart zumeist auf das Offenbaren eines schlechten Charakters.

gut zu Gesicht(e) stehen

Bedeutung: gut zu jemandem passen

Herkunft: »Stehen« ist hier im Sinne von **»etwas steht jemandem«** gemeint, ist also »passend«, und »Gesicht« wird synonym für »Wesen« oder »Persönlichkeit« gebraucht.

Sprichwörtliche Mimik

gute Miene zum bösen Spiel machen

die Miene machen, etwas zu tun

keine Miene verziehen

eine Miene wie drei Tage Regenwetter

ein langes Gesicht machen

mit Leichenbittermiene

einen Flunsch ziehen

ein Gesicht wie ein Güterbahnhof, in dem alle Gesichtszüge entgleisen

dumm aus der Wäsche schauen

übers ganze Gesicht strahlen

DIE HAARE

Wir kommen meist als Glatzköpfe zur Welt und falls nicht, so verlieren wir die Haare noch als Säuglinge. Kurze Zeit später beginnen sie zu wachsen, und am Ende des Lebens gehen sie vielen von uns wieder aus. Das Erscheinen und Schwinden unserer Haare sowie ihre Farbigkeit und Beschaffenheit, von den Künsten der Friseure ganz zu schweigen, all das provoziert seit jeher Vorurteile, Aberglauben und sprichwörtliche Redensarten in Masse. Was man in unterschiedlichen Weltgegenden über Haarfarben denkt, würde ein Buch füllen. Gerade blonde und mehr noch rothaarige Frauen, die als nichtsnutzig, dumm oder gleich als Hexen diffamiert wurden, können ein Lied davon singen. Und Menschen mit Locken und Kräuselhaaren müssen sich teils noch heute anhören: **»Krause Haare, krause Gedanken.«**

Das einzelne Haar ist seit Menschengedenken das beliebteste Bild für das besonders Feine, Dünne, Kleine. Das erklärt Ausdrücke wie **»etwas haarklein auseinandersetzen«**, **»haargenau«**, **»um Haaresbreite«**, **»um ein Haar«**, **»aufs Haar gleichen«**, **»jemandem kein Härchen krümmen«**, **»kein gutes Haar an jemandem lassen«** und **»ein Haarspalter sein«** oder **»das sind Haarspaltereien«**. Etwas so Dünnes, Feines wie ein Haar spalten zu wollen, hielt man lange Zeit für unmöglich: **»Haargenau«** genügte daher als Ausdruck für Exaktheit. Wer durch Spalten eine noch feinere Vergleichsgröße herstellen wollte, strebte nach einer lächerlichen Übergenauigkeit.

Die Bewertung einer starken oder langen Behaarung des Kopfes und des Körpers fiel je nach Zeit und Kultur unterschiedlich aus. Im alten Ägypten galt der herrschenden Klasse die haarlose Haut als Ideal, nicht rasierte Menschen verachtete sie dementsprechend. Das Volk Israel interpretierte dagegen die Haarpracht von Männern als Zeichen ihrer Männlichkeit und Kraft. Ein berühmtes Beispiel ist der biblische Held Simson oder Samson, dem nach dem Willen Gottes nie die Haare geschoren werden und der zu übermenschlicher Stärke heranwächst. Als die listige Delila ihm im Schlaf das füllige Haupthaar abschneidet, verliert er seine Kräfte. Im modernen England hingegen spottet man seit einigen Jahrzehnten über starke, dunkle Körperbehaarung auf Brust und Rücken von Männern mit der Redensart: **»Er trägt einen italienischen Pullover.«** Italiener gelten klischeehaft als stark behaart, was man in

England als lächerlich betrachtet. Ähnlich unterschiedlich wurden Zöpfe bewertet: Mal waren sie Frauen vorbehalten, mal Männern, mal galten sie als Zeichen für Stärke und Mut wie bei Kelten und Wikingern, mal als solche der Würde und Ehre wie in Europa vor allem im 17. und 18. Jahrhundert, im kaiserlichen China oder im alten Japan. Dank der so populären wie provozierenden Greta Thunberg werden sie aktuell extrem ambivalent bewertet.

etwas hängt an einem Haar

Bedeutung: etwas kann sehr leicht misslingen, ist riskant

Hintergrund: Das Sprachbild weist auf eine sehr heikle Situation hin, da ein einzelnes Haar kaum etwas halten kann.

Zur Beliebtheit und Verbreitung der Redensart trug eine Anekdote bei, die Cicero erwähnt: Damokles, ein Höfling des Tyrannen Dionysios von Syrakus, beneidet den Herrscher um Macht und Reichtum. Dionysios überlässt Damokles seinen Platz an der reich gedeckten Tafel. Allerdings befiehlt er, direkt über dem Höfling ein scharfes Schwert anzubringen, das bloß an einem Rosshaar hängt. So macht Dionysios deutlich, wie gefährlich er als Herrscher lebt. Der Geschichte verdankt sich das sprichwörtlich gewordene **»Damoklesschwert«**.

etwas ist an den Haaren herbeigezogen

Bedeutung: etwas ist absurd, ein lächerlich bemühtes Argument

Hintergrund: Die bildhafte Redensart vergleicht ein unpassendes, weit hergeholtes Argument mit einem Menschen, der partout nicht kommen will und deshalb gewaltsam an seinen Haaren herbeigezogen werden muss.

sich in die Haare/Wolle geraten oder kriegen, sich in den Haaren liegen

Bedeutung: miteinander in Streit geraten/liegen

Hintergrund: Bei einer tätlichen Auseinandersetzung packen sich zwei Streithähne gegenseitig am Schopf, ziehen den anderen an den Haaren oder reißen diese sogar aus. Da man dichte Haare beim Menschen scherzhaft oder spöttisch mit Schafsfell verglich, ersetzte man spätestens ab dem 19. Jahrhundert gelegentlich »Haar« durch »Wolle«.

sich die Haare raufen

Bedeutung: sich ärgern; sehr verzweifelt oder ratlos sein

Hintergrund: Schon die Antike kennt drastische Klage- und Reuegebärden, die bis zum Herausreißen der Haare gingen.

jemandem stehen die Haare zu Berge, haarsträubend sein

Bedeutung: jemand ist entsetzt; etwas ist unerhört

Hintergrund: Unsere Haare auf dem Kopf können sich nicht aufstellen, dafür aber bei Furcht, Ekel und anderen Erregungszuständen die Haare im Nacken oder die auf den Armen; die Haare von vielen Tieren können das sowieso. Insofern übertreibt die Redensart ein durchaus existierendes Phänomen und gibt dadurch das ungewöhnliche Ausmaß der Gefühle wieder. In der Bibel, bei Homer und bei Vergil finden sich bereits entsprechende sprachliche Wendungen. Im deutschen Sprachraum haben sie sich erst im Hochmittelalter eingebürgert. In Zeichentrickfilmen, Comics und bei Zeichnern wie Wilhelm Busch sieht man die Redensart eindrucksvoll ins Bild gesetzt.

Vor gut 200 Jahren kam noch das Adjektiv **»haarsträubend«** hinzu. Dabei wird lustigerweise der Effekt der Sache, die einem die Haare zu Berge stehen lässt, als Eigenschaft – »etwas ist haarsträubend« – auf sie selbst übertragen.

eine haarige Angelegenheit sein

Bedeutung: eine unangenehme, schwierige oder komplizierte Angelegenheit sein

Hintergrund: Haare am falschen Ort empfindet man seit Jahrhunderten als irritierend oder sogar ekelhaft. Schlecht rasierte Männer und Menschen beiderlei Geschlechts mit ungepflegter Frisur oder übermäßiger Haarfülle am ganzen Körper gelten vielen Kulturen als primitiv und unattraktiv, als grob und sogar gefährlich. Das übertrug man auf unangenehme, heikle Angelegenheiten. Eine weitere Bedeutung hat sich mittlerweile verloren. Über Jahrhunderte stand die **»haarige Angelegenheit«** wegen der Schamhaare für Sexuelles.

die Gelegenheit beim Schopf packen, eine Glücks-/ Pechsträhne haben

Bedeutung: eine günstige Gelegenheit nutzen, Glück bzw. Pech haben

Hintergrund: In der Antike stellte man sich die günstige Gelegenheit als eine Gottheit vor, welche die Griechen als Kairos, die Römer als Occasio kannten. Charakteristisch für sie waren ihre Eile und ein fast vollständig kahler Schädel. Nur an der Stirn hatten sie einige kräftige Haare, die man mal »Schopf«, mal »Strähne«, mal »Locke« nannte. Eilte die günstige Gelegenheit an einem vorüber, so musste man sie gleich beim Schopf packen, denn am kahlen Schädel hätte man keinen Halt gefunden.

Die oft dargestellte mythische Gestalt beeinflusste wohl auch den Ausdruck **»Glückssträhne«**, der später durch die **»Pechsträhne«** ergänzt wurde. Dabei stand die Strähne – eigentlich ein Bündel Haare – für etwas, das lang war und sich fortsetzte: Hatte jemand also oft Glück oder Pech, bescheinigte man ihm eine Glücks- oder Pechsträhne.

jemandem die Haare vom Kopf fressen

Bedeutung: rücksichtslos fordernd und gierig sein

Hintergrund: Das menschliche Haupthaar ist natürlich kein Nahrungsmittel. So beschreibt die übertreibende Redensart gierige Zeitgenossen als so extrem rücksichtslos, dass sie anderen selbst noch das Nichtessbare wegfressen wollen.

ein Haar in der Suppe finden

Bedeutung: etwas Unangenehmes bemerken, kleinlich sein, sich über einen unbedeutenden Fehler aufregen

Hintergrund: Im Essen gilt das Haar seit dem 17. Jahrhundert als sprichwörtlich ekelerregend und störend. In einer klaren Suppe war es leicht zu sehen, und so stand die Redensart bald für Fehler aller Art. Dabei spielte auch das Winzige und Unbedeutende des einzelnen Haars eine Rolle, das im Vergleich mit der Menge einer Suppe vollkommen unerheblich war. Zudem kam ein Haar in der Suppe durchaus häufiger vor, war beinahe alltäglich. Wer sich darüber aufregte, galt deshalb als kleinlicher, überkritischer Mensch.

ungeschoren davonkommen

Bedeutung: einer unangenehmen Sache, z. B. durch Glück, entgehen

Hintergrund: Obwohl seine Grundlagen weit älter sind, stammt der Ausdruck erst aus dem 17. Jahrhundert. Er erklärt sich aus den Aufnahmeritualen von Zünften und anderen Vereinigungen wie der Hanse. Dabei wurden die Anwärter – ähnlich wie bei der Äquatortaufe – mehr oder weniger stark gequält, um ihre Widerstandsfähigkeit und Loyalität zu prüfen. Besonders wichtig waren Hänseleien oder Torturen, die mit einer angeblichen Säuberung zu tun hatten. Man übergoss den Neuling mit unappetitlichen Flüssigkeiten: eine Mischung aus scherzhaftem Bad und Taufe. Oftmals schor man die Anwärter auch noch mit groben Scheren oder rasierte sie mit einem Holzmesser. Wenn man ihnen erlaubte, sich von der Prozedur freizukaufen, dann kamen sie **»ungeschoren«** davon.

gschert daherreden

Bedeutung: dümmlich frech oder primitiv reden

Hintergrund: Vor allem in Bayern und Österreich hört man die Redensart häufig. Sie spielt auf die seit dem hohen Mittelalter und über Jahrhunderte übliche, teils gesetzlich vorgeschriebene Haartracht an. Die als primitiv geltenden Bauern, Knechte und das einfache Volk trugen das Haar geschoren. Nur hohen Herren, wie Adligen und Patriziern, war langes Haar erlaubt. Zudem war schon seit der Antike das Scheren des Kopfes als Gerichtsstrafe üblich. Diese Geschorenen galten nicht nur als Übeltäter, sondern auch als primitiv.

gegen den Strich gehen

Bedeutung: etwas ist einem sehr unangenehm/ärgerlich; es geht einem wider die Natur oder die eigene Überzeugung

Hintergrund: Die Behaarung von Tieren sowie Stoffe haben eine bestimmte Strichrichtung. Gegen sie zu streichen, löst bei vielen Tieren Abwehrreaktionen aus. Bei Stoffen richten sich dabei die Fasern auf, was hässlich aussieht. Beides lässt sich auf die Einstellungen eines Menschen übertragen, die ebenfalls eine gewisse Richtung haben. Wenn eine Aussage oder Handlung dieser Richtung zuwiderläuft, empfindet man es als unangenehm.

sich wegen etwas keine grauen Haare wachsen lassen

Bedeutung: sich nicht unnötig sorgen

Hintergrund: In vielen Märchen, Gedichten, Legenden und Erzählungen liest man, dass ein Mensch aus Angst, Sorge oder Horror über Nacht ergraut, und manchmal bekommt er schlohweiße Haare. Das ist ein Ding der Unmöglichkeit. Die Beschreibungen boten aber ein starkes Bild für das bekannte Gefühl, durch schreckliche Erlebnisse in wenigen Stunden um Jahre gealtert zu sein. Sorgen und Nöte, hieß es zudem, förderten ein vorzeitiges Altern, wofür graue wie weiße Haare stehen. Die Wendung **»Lass dir keine grauen Haare wachsen«** fordert deshalb dazu auf, gelassen zu sein, Dinge oder Ereignisse zu relativieren und damit eine vorzeitige Haarverfärbung zu verhindern.

sich am eigenen Zopf / an den eigenen Haaren aus dem Sumpf ziehen

Bedeutung: sich selbst aus einer unangenehmen, gefährlichen Lage befreien

Hintergrund: Die Redensart verdankt sich einer Episode aus Gottfried August Bürgers Schwank-Buch »Wunderbare Reisen zu Wasser und zu Lande, Feldzüge und lustige Abenteuer des Freiherrn von Münchhausen ...« von 1786. Dort heißt es im fünften Kapitel: »Ein andres Mal wollte ich über einen Morast setzen, der mir anfänglich nicht so breit vorkam, als ich ihn fand, da ich mitten im Sprunge war. Schwebend in der Luft wendete ich daher wieder um, wo ich hergekommen war, um einen größern Anlauf zu nehmen. Gleichwohl sprang ich auch zum zweytenmale noch zu kurz und fiel nicht weit vom andern Ufer bis an den Hals in den Morast. Hier hätte ich unfehlbar umkommen müssen, wenn nicht die Stärke meines eigenen Armes mich an meinem eigenen Haarzopfe, samt dem Pferde, welches ich fest zwischen meine Knie schloß, wieder herausgezogen hätte.«

jemanden beim Wickel haben

Bedeutung: jemanden ertappt/im Griff haben

Hintergrund: Unwillkürlich denkt man an gewickelte Windeln, die aber nichts mit der Redewendung zu tun haben. Vielmehr steckt mit größter Wahrscheinlichkeit der Haarwickel dahinter: ein Band, das sich Männer um den Kurz-Zopf schlangen, als die Mode der langen Zöpfe gegen Ende des 18. Jahrhunderts vorüber war. **»Jemanden beim Wickel haben«** heißt also dasselbe wie **»ihn beim Schopf / bei den Haaren packen/ fassen«.**

alte Zöpfe abschneiden

Bedeutung: mit Traditionen brechen, sie beenden

Hintergrund: Männer von Rang und Soldaten trugen etwa vom Beginn des 18. Jahrhunderts an Zöpfe; in konservativen Kreisen noch bis weit ins 19. Jahrhundert. Mit der Französischen Revolution machten die progressiven Teile der Gesellschaft den Zopf zum Symbol für alles Reaktionäre, starre Regeln und Traditionen. Immer wieder kam es zu publikumswirksamen Aktionen, bei denen Zöpfe öffentlich abgenommen oder abgeschnitten und verbrannt wurden, so etwa beim Hambacher Fest 1832. Die Redensart gewann erneut an Aktualität, als bei Einführung der Republik in China massenhaft Zöpfe abgeschnitten wurden. 1912 schnitt sich Puyi, der letzte Kaiser Chinas, selbst den Zopf ab.

Haare auf den Zähnen haben

Bedeutung: jemand ist streitlustig, mit Vorsicht zu genießen

Hintergrund: Der Volks- und Aberglaube verknüpft traditionell Haarigkeit mit Männermut. Ein Jüngling gilt teils bis heute erst als erwachsen, wenn er Gesichts-, Achsel- und Schambehaarung besitzt. Manchen Männern sagte man nach, dass sie selbst an Stellen behaart wären, wo von Natur aus keine Haare wüchsen. So hieß es zunächst, jemand habe Haare auf der Zunge. Das verwendete noch Friedrich Schiller 1781 in den »Räubern«. Es klang allerdings eher lächerlich, weshalb man sich zunehmend auf die Zähne verlegte, die ebenfalls synonym für das Kämpferische stehen. Aus dem Lob wurde eine ambivalente Redensart, die bald als Warnung vor streitlustigen Leuten dienen konnte. Im 19. Jahrhundert erweiterte sich die Bedeutung noch einmal. Die Redensart wurde zum Spottwort für Frauen, die Männern als unangenehm selbstbewusst oder streitbar erschienen.

DIE FÜNF SINNE UND NOCH MEHR

Wie sinnvoll, dass unsere fünf Sinne mit dem Denken und der Vernunft sprichwörtlich und wörtlich so eng verknüpft sind! Das war schon vor über 1000 Jahren so, als »von sinnen komen« im Mittelhochdeutschen so viel hieß wie »die Lust an etwas verlieren«, »sin« selbst aber auch schon für »Verstand« oder eben die Sinneswahrnehmung stand.

Aus einer uralten indoeuropäischen Wurzel entwickelte sich wohl das Wort, das auch mit »senden« verwandt ist. Die Bedeutung damals war wohl »eine Richtung geben/nehmen«, dann auch im übertragenen Sinn »empfinden«. Wir geben ja tatsächlich dem Sehen oder Hören eine Richtung, **»richten unser Augenmerk auf etwas«**, schicken gleichsam unsere Sinne auf die Reise, um die Umwelt, das andere zu erfahren.

Eine schöne Vorstellung, die vielleicht noch schöner dadurch wird, dass anschließend die sinnlichen Erfahrungen auf ihren Sinn, also ihre Bedeutung oder Stimmigkeit überprüft werden. Das lässt dann »Sinn« als Wort für »geistiger Inhalt« und »Vernünftigkeit« entstehen. Wer **»keinen Sinn für etwas hat«**, dem fehlt die Wahrnehmungsfähigkeit für etwas. **»Das kommt mir nicht in den Sinn!«**, sagt man beruhigend und meint, dass einem so ein Gedanke unmöglich wäre. **»Es will mir nicht in den Sinn«**, heißt dagegen, etwas ist unbegreiflich, nicht zu fassen. Viel angenehmer ist es, **»mit jemandem eines Sinnes zu sein«**, also zu harmonieren oder gleich zu empfinden.

besinnungslos sein, nicht bei Sinnen sein, seine fünf Sinne nicht beieinander haben

Bedeutung: ohnmächtig sein, nicht bei Verstand sein

Hintergrund: Wir gehen üblicherweise von fünf Sinnen aus: Sehen, Hören, Fühlen, Riechen und Schmecken. Sie ermöglichen es uns, die Welt wahrzunehmen und werden deshalb auch seit jeher mit dem Verstand und dem Bewusstsein verbunden. Auch unser Wort »Besinnung« ist mit den Sinnen direkt verbunden. Das erklärt **»besinnungslos sein«** als Ausdruck für die Ohnmacht und **»nicht bei Sinnen sein«** als Ausdruck für Verrücktheit. Die beschrieb man sehr oft als Mangel an mindestens einem Sinn, beispielsweise in der Kurzform **»Du hast sie ja nicht mehr alle!«**.

einen sechsten Sinn haben

Bedeutung: übernatürliche Fähigkeiten / einen erstaunlichen Instinkt für das Entscheidende haben

Hintergrund: Früher glaubte man, prophetisch begabte Menschen, Wünschelrutengänger und Wunderheiler besäßen einen Extrasinn. Dieser **»sechste Sinn«** ermöglichte es ihnen angeblich, in die Zukunft zu sehen, die Geisterwelt wahrzunehmen oder Informationen aus der Natur aufzunehmen, für die unsere fünf Sinne unempfindlich sind. Heute beschreibt die Redensart meist nur noch einen außergewöhnlich entwickelten Instinkt für Vorteile aller Art. Von 1966 bis 2005 versuchte die TV-Sendung »Der 7. Sinn«, alle Menschen zu guten Verkehrsteilnehmern zu erziehen. Ihre Popularität führte dazu, dass man heute oft **»einen siebten Sinn haben«** hört.

sich sehen lassen, sich sehen lassen können

Bedeutung: vorbeikommen; ansehnlich sein

Hintergrund: Wer andere besucht, lässt sich im Wortsinn von ihnen sehen. Was gut aussieht, sieht man gern an, und deshalb sagt man **»es ist ansehnlich«**. Und was gut ist, hat keine Scheu, sich zu zeigen, es **»kann sich sehen lassen«**.

blind sein für etwas, vor etwas die Augen verschließen, etwas nicht mehr sehen können

Bedeutung: unaufmerksam sein; einer Sache überdrüssig sein

Hintergrund: Es gibt allerlei Dinge, für die wir unempfindlich sind oder die wir nicht sehen wollen, sodass wir bewusst oder unbewusst wie **»blind dafür sind«**. Bittere Wahrheiten u. Ä. wollen wir nicht sehen und verschließen deshalb gern die Augen vor ihnen. Wessen wir überdrüssig sind, das beleidigt gleichsam unsere Augen. Wir können – im Sinn von »wollen« – es nicht mehr sehen.

das Gras wachsen hören

Bedeutung: überempfindlich, übervorsichtig, zu sorgenvoll sein

Hintergrund: Vor über 500 Jahren verspottete die Redensart »Neunmalkluge« und »Siebengescheite«. Etwa 200 Jahre später beschrieb sie jemanden, der extrem gut informiert war. Wer sehr viel weiß, macht sich allerdings auch leicht zu viele Sorgen, was zur heutigen Bedeutung führte. Physisch ist es natürlich unmöglich, **»das Gras wachsen zu hören«**, genauso wenig wie **»die Krebse niesen zu hören«** oder **»die Spinnen weben zu hören«**. Das sind alte Varianten der Redensart.

Wer nicht hören will, muss fühlen.

Bedeutung: Wer nicht gehorcht, wird gezüchtigt; wer eine Warnung nicht beachtet, hat den Schaden.

Hintergrund: Das alte Erziehungssprichwort spielt mit der gemeinsamen Wortwurzel von »hören, horchen« und »gehorchen«. Heute geht es nicht mehr um körperliche Züchtigung, sondern um Eigensinnige, die Warnungen überhören und die Folgen unangenehm zu spüren bekommen.

etwas schmeckt einem nicht, jemandem etwas schmackhaft machen

Bedeutung: etwas beargwöhnen/ablehnen; jemandem etwas als annehmbar/erstrebenswert erscheinen lassen

Hintergrund: Unser Geschmackssinn schützte uns vor der Aufnahme gesundheitsgefährdender Nahrung, ehe er sich zu einem Genussinstrument entwickelte. So ist **»etwas schmeckt einem nicht«** mit Argwohn verbunden und nicht nur mit bloßer Ablehnung. Die zweite Redensart beschreibt die Kunst, jemandem etwas appetitlich erscheinen zu lassen, dem es zuvor nicht schmeckte.

jemanden nicht/gut riechen können

Bedeutung: jemanden nicht ausstehen können

Hintergrund: Unsere Nase reagiert sehr rasch und empfindlich auf negative oder positive Reize. Das übertrug man auf persönliche Sympathie oder Antipathie. Wer einem stinkt, den kann und will man nicht riechen. Wen man schätzt, den kann man hingegen **»gut riechen«.**

einen guten Riecher / eine Nase für etwas haben, etwas nicht haben riechen können

Bedeutung: eine verlässliche Vorahnung haben; etwas nicht ahnen können

Hintergrund: Viele Tiere wittern mit ihrem Riecher sehr fein und noch weit Entferntes. Menschen, die eine erstaunliche Fähigkeit besaßen, das *zeitlich* weit Entfernte vorauszuahnen, bescheinigte man deshalb ebenfalls **»einen guten Riecher«.** Das vollkommen Überraschende ist dagegen selbst für solche Menschen unmöglich **»zu riechen«.**

DAS AUGE

Die Fähigkeit der Augen, einerseits das große Ganze, andererseits kleinste Details wahrzunehmen, beeindruckt die Menschen seit jeher. Die meisten Kulturen schreiben ihm überdies etwas Magisches zu. Schon Aristoteles im 4. Jahrhundert v. Chr. galt der Blick als etwas, das geradezu physische Qualität besitzt. Von dieser Vorstellung zeugen Ausdrücke wie **»jemanden mit Blicken durchbohren«** oder **»einen vernichtenden Blick auf jemanden werfen«.** Die zauberische Macht der Augen beschreiben Sagen der Antike sowie der jüdischen, christlichen, muslimischen Welt. Die berühmteste Legende ist vielleicht die von Medusa, die mit ihrem Blick Menschen in Stein verwandelt.

In der Bibel steht »das Auge Gottes« für dessen Allgegenwart und Allmacht. So heißt es in Sprüche 15, 3: »An jedem Ort sind die Augen des Herrn, sie wachen über Gute und Böse.« Dem göttlichen Blick entspricht als Gegensatz ein verderblicher, teuflischer Blick, der **»böse Blick«**, der in zahlreichen Sprachen sprichwörtlich wurde. Die Idee entstand vielleicht vor 5000 Jahren in den altorientalischen Reichen Sumer und Babylon, vielleicht an vielen Orten unabhängig voneinander. Überall kennen die Menschen neidische, missgünstige, eifersüchtige, wütende, tödliche Blicke. Bis heute versuchen deshalb Millionen abergläubischer Menschen weltweit, sich mithilfe von Amuletten wie dem Nazar oder »Auge der Fatima«, mit Stecknadeln im Jackenfutter oder anderen Abwehrzaubern gegen die Verderben bringende Kraft böser Blicke zu schützen. Zudem steht das Auge symbolisch und in Redensarten auch für die durchaus gefährliche, oft kritisierte Neugier oder für die erst recht problematische Eitelkeit. Es lohnt sich also, mehr als ein Auge zu riskieren, wenn man sich mit sprichwörtlichen Redensarten rund um unser Sehorgan beschäftigt.

wie die Faust aufs Auge passen *siehe* Die Finger, Faust und Nägel, S. 147

etwas hüten wie seinen Augapfel, jemandes Augenstern/ Augapfel sein

Bedeutung: auf etwas sehr gut aufpassen, jemandes Liebster/Liebste/ Liebstes sein

Hintergrund: Die Bibel machte die erste Redensart bekannt. So heißt es in Psalm 17, 8: »Behüte mich wie den Augapfel, den Stern des Auges ...« Der Augapfel steht für das ganze Auge, seine Wichtigkeit und Verletzlichkeit. Mit dem poetischen Wort »Augenstern« ist ebenfalls das ganze Auge gemeint, das man sich wie einen Stern leuchtend vorstellte. Die zweite Redensart betont, wie schön und wichtig ein Geliebter oder eine Geliebte für jemanden ist.

In anderen Kulturen findet man ähnliche Bezeichnungen und Wertschätzungen des Auges, so bei Catull im antiken Rom, der sie »Lichter« nennt oder *ocelle*, also »Äugelchen«, im arabischen gibt es das Kosewort

»du Licht meiner Augen« in zahlreichen Varianten, in China heißt es wörtlich »Augenbraue – Auge – ähneln – Bild«, also etwa »deine Augen samt Brauen sind bildschön«, um sehr schöne Menschen zu loben. Einen schönen Mann besingt das berühmte Lied von Jean Gilbert aus dem Jahr 1912 so: »Puppchen, du bist mein Augenstern ...«

etwas im Auge haben/behalten

Bedeutung: etwas genau beobachten, planen oder mit bedenken

Hintergrund: Hier geht es weder um ein Sandkorn noch eine Mücke im Auge, vielmehr beschreibt die Redensart **»etwas im Auge haben/ behalten«** das aufmerksame, kritische, kluge Beobachten. Vor ca. 200 Jahren sagte man: **»Das Auge des Herrn macht das Pferd fett.«** Man meinte damit, dass es sich auszahlt, wenn ein Herr nicht alles delegiert, sondern möglichst viel selbst beachtet und tut. Heute sagt man oft beruhigend **»Ich hab das schon im Auge!«**, und seit der Erfindung des Radars sehr ähnlich **»Ich hab das auf dem Schirm.«**

ein Auge auf etwas/jemanden werfen, jemandem schöne Augen machen

Bedeutung: etwas oder jemanden begehrlich anblicken, flirten

Hintergrund: Dem intensiven Blick schreibt man seit der Antike eine geradezu materielle Qualität zu, sodass man ihn auch wie einen Ball werfen könne. Die Redensart setzt hier für »Blick« stellvertretend »Auge«. Dass die Redensart nur ein Auge erwähnt, ironisiert die Redensart und schwächt sie heiter ab, was gerade im Bereich der Liebe und des sexuellen Begehrens beliebt ist.

Weil man sich durchs **»Schöne-Augen-Machen«** gleichsam anbietet oder verführen möchte, kann man die Redensart oft leicht ironisch oder spöttisch verwenden hören.

jemandem tief in die Augen schauen, jemandem etwas von den Augen ablesen

Bedeutung: jemanden prüfen oder verliebt machen wollen; Wünsche instinktiv und ehe sie ausgesprochen wurden erfüllen

Hintergrund: Alt ist das Bild von den Augen als den **»Fenstern der Seele«**. Wer tief in sie hineinschaut, sucht dort nach der Wahrheit über einen Menschen, nach Liebe oder will sie entzünden. Wer jemandem sehr zugetan ist, kann in ihnen dessen Wünsche wie in einem offenen Buch lesen.

ein Auge riskieren, ein Dorn im Auge sein, etwas könnte ins Auge gehen

Bedeutung: vorsichtig prüfen; etwas stört empfindlich; etwas könnte scheitern und schlimme Folgen haben

Hintergrund: In der ersten, erst knapp 100 Jahre alten Redensart steht das Auge für den vorsichtigen Blick, da man ja nur **»ein Auge riskiert«**. Die Redensart vom **»Dorn im Auge«** kommt mehrfach in der Bibel vor, so im 4. Buch Moses 33, 55: »Wenn ihr die Bewohner des Landes von euch nicht vertreibt, dann werden die, die von ihnen übrig bleiben, zu Dornen in euren Augen und zu Stacheln in eurer Seite.« Daher heißt es gleichbedeutend im Englischen **»to be a thorn in somebody's side«**, also »ein Dorn bzw. Stachel in jemandes Seite sein«. Im Chinesischen sagt man ähnlich **»yan zhong ding«**, »ein Nagel im Auge sein«.

In allen Fällen geht es um äußerst unangenehme, fatale Verletzungen. Statt den sehr drastischen Dorn im Auge explizit zu erwähnen, sagt man längst allgemein **»das hätte ins Auge gehen können«**.

blauäugig sein, mit einem blauen Auge davonkommen

Bedeutung: naiv sein; mit erfreulich geringem Schaden davonkommen

Hintergrund: Die erste Redensart vergleicht naive Menschen mit Neugeborenen und Kleinkindern, die weniger Melanin in den Augen und damit durchweg hellere, in Mitteleuropa eher blaue Augen haben. Die zweite bezieht sich auf ein blau schillerndes Hämatom ums Auge als Folge eines schmerzhaften Schlags, der aber immerhin kein Auge gekostet hat.

Vier-Augen-Prinzip, unter vier Augen

Bedeutung: zwei müssen beteiligt sein / eine Sache prüfen; geheimer/ungestörter Austausch

Hintergrund: Bei besonders wichtigen Entscheidungen im Geschäftsleben, in der Verwaltung und beim Militär gilt **»das Vier-Augen-Prinzip«**, es müssen mindestens zwei Personen beteiligt sein, um Betrug oder falsche Entscheidungen zu verhindern. Bei der zweiten Redensart geht es nicht darum, dass zwei mehr als eins sind, sondern im Gegenteil, dass zwei besonders wenige sind: Treffen sich *nur* zwei Personen, also vier Augen, kann man ungezwungen, ungestört, geheim sprechen.

große Augen machen / die Augen aufreißen, Stielaugen bekommen

Bedeutung: überrascht sein; höchste Begehrlichkeit zeigen

Hintergrund: Wer überrascht ist, reißt oft automatisch die Augen weit auf, wodurch sie größer erscheinen. Das zeigten Bildergeschichten des 19. Jahrhunderts, vor allem die Wilhelm Buschs, in lustig übertriebener Weise. Ähnlich zeichnete man Menschen mit Stielaugen, die eigentlich nur Schnecken oder Krebstiere haben, als Zeichen für ihre Gier nach etwas.

etwas ist nur/bloße/pure Augenwischerei

Bedeutung: etwas ist eine Täuschung, Vorspiegelung falscher Tatsachen

Hintergrund: Fast identisch spricht man auch im Englischen von **»a load of eyewash«**, wenn es um Betrug und manipulativ schmeichlerische

Worte geht. Die vielfach zu lesende Erklärung, es gehe bei der **»Augen-wischerei«** um das Ausdrücken der Augen mit den Daumen oder das Ausschlagen derselben mit einem Degen, ist wohl falsch. Vielmehr ist bei der erst seit etwa 1900 beliebten Redensart an eine Blicktrübung oder -täuschung zu denken, die durch das Waschen der Augen mit Seifenlauge bewirkt wird. Möglicherweise kommt noch hinzu, dass »Quacksalber« früher Augenkrankheiten mit Salben und Tinkturen aller Art zu heilen versprachen, was nur selten funktionierte.

Holzauge, sei wachsam!

Bedeutung: Sei besonders aufmerksam!

Hintergrund: Auf der Harburg zwischen Nördlingen und Donauwörth zeigt man zur Erklärung der Redensart große durchbohrte Holzkugeln, die zur Feindbeobachtung drehbar in Schießscharten gelagert sind. Bei Burgführungen in ganz Deutschland heißt es auch, Gucklöcher in Burgtoren seien der Ursprung. Beides ist falsch.

Die Wendung **»Holzauge, sei wachsam!«** entstand erst mit dem Ersten Weltkrieg in der Soldatensprache. Damals sah man bei Invaliden Zehntausende von Holzarmen oder Holzbeinen und sprach dann in Analogie statt von Glas-, von Holzaugen. Wahrscheinlich wurde daraus beim Kartenspiel, wo sich der Spruch bis heute besonders hält, die Redensart für intensivste Aufmerksamkeit. Dazu passt, dass die Redensart durch eine Geste des Augen-Vergrößerns unterstützt wird: dem Herabziehen des Augenunterlids, meist mit nur einem Finger.

mit offenen Augen schlafen

Bedeutung: sehr abgelenkt/abwesend sein, besonders wachsam sein

Hintergrund: Ob Menschen so etwas wirklich können, ist fraglich, aber Hasen sagte man diese Fähigkeit nach. Vom 15. bis ins 17. Jahrhundert galt der Hase deshalb auch als Sinnbild für nimmermüde Aufmerksamkeit. Diese Eigenschaft übertrug man auf Menschen. Im 19. und 20. Jahrhundert verwandelte sich die Bedeutung durch ironischen Gebrauch. Man machte sich mit **»Schläfst du mit offenen Augen?«** über unaufmerksame, abwesend wirkende Schüler, Soldaten, Studenten etc. lustig.

Es fällt einem wie Schuppen von den Augen, jemandem die Augen öffnen / den Star stechen

Bedeutung: es wird einem plötzlich etwas klar; jemanden von einer Täuschung befreien und klarsehen lassen

Hintergrund: »Es fällt mir wie Schuppen von den Augen« verdankt seine Bekanntheit vor allem der biblischen Geschichte über den Christenverfolger Saul, der vor Damaskus plötzlich erblindet und in der Stadt von einem Jünger Christi wieder sehend gemacht wird. In der Apostelgeschichte 9, 18 heißt es: **»Sofort fiel es ihm wie Schuppen von seinen Augen und er sah wieder ...«**

Ironisch sagt man auch **»Es fällt mir wie Schuppen aus den Haaren«** und ist damit der Erklärung der ursprünglichen Redensart schon recht nahe. Man stellte sich in der Antike vor, dass Hautschuppen sich auf dem Auge verdicken und die Sicht beeinträchtigen könnten. Meist war freilich eine Linsentrübung verantwortlich für das Nachlassen der Sehkraft. Man nannte diese Krankheiten »Star« wegen des starren Blickes der Betroffenen. Operateure versuchten schon früh eine Heilung, indem sie die durch den grauen Star trübe gewordene Linse mithilfe einer Art Nadel aus der Blickachse und hinunter auf den Augapfel zogen.

Deshalb sagte man, wenn jemand einen von einer Fehleinschätzung befreite, er habe **»ihm den Star gestochen«**. Ähnlich heißt es **»jemandem die Augen öffnen«**, also klarsehen lassen, wenn derjenige blind für etwas war.

Tomaten auf den Augen haben

Bedeutung: Offensichtliches nicht bemerken, übersehen

Hintergrund: Bis vor einigen Jahrzehnten bedeutete die Redensart auch noch »übermüdet sein oder aussehen«. Wer nicht ausgeschlafen ist, reibt sich die Augen oder hat gerötete Augen, die ein wenig an Tomaten erinnern können. Und übernächtigt übersieht man leicht etwas. Dass Tomaten gut in die Augenhöhlen passen und damit das Sehen unmöglich machen, kommt dazu.

jemandem etwas aufs Auge drücken, ein Auge / beide Augen zudrücken

Bedeutung: jemanden zu etwas Unangenehmem nötigen; auf Fehler oder Schuld mit Nachsicht reagieren

Hintergrund: Der erste Ausdruck ist wohl erst um 1900 entstanden, hatte allerdings Vorläufer im 19. Jahrhundert. Ein damaliger Zeitschriftentext beschreibt, dass Frauen dicke Schminke benutzten, um Männern mit diesen massiven Mitteln **»aufs Auge zu drücken«**, sie also zu täuschen. Wichtiger für die Erklärung der Redensart ist allerdings die Taktik, in erbitterten Kämpfen mit den Fingern, besonders den Daumen, auf die Augen des Gegners zu drücken. Dies ist gefährlich und wirkungsvoll, zwingt es doch zum Zurückweichen oder gar Aufgeben.

Eine weitere Bedeutung von »einem etwas aufs Auge drücken« war, »jemanden zu bestechen«. Das passt zur zweiten Redensart **»ein Auge zudrücken«**. Man kann sich vorstellen, wie jemand mit Geld dazu gebracht wird, ein Auge zuzudrücken, also weniger genau hinzusehen. Allerdings gibt es weit ältere, heitere Geschichten und Berichte über altdeutsche Rechtsfälle, in denen ein einäugiger Gerichtsbote auf einem einäugigen Pferd zu einem Beschuldigten geschickt wird, um sinnfällig zu machen, dass auch das Gericht ein Auge zudrücken werde. In typisch moderner Übertreibung heißt es heute oft, man werde **»beide Augen zudrücken«**.

auf die Tränendrüse drücken

Bedeutung: mit Absicht Mitleid, Rührung etc. erwecken wollen

Hintergrund: Seit der Antike ist die Praxis bekannt, Rührung und Weinen vorzutäuschen, indem man auf die Tränendrüse im Augenwinkel drückt. Genau das wirft man seit 1900 Filmen oder Büchern sprichwörtlich vor, die mit ihren melodramatischen Effekten gleichsam auf die Tränendrüse der Zuschauer drücken.

Da bleibt kein Auge trocken/tränenleer.

Bedeutung: allgemeine Rührung, zudem oft ironisch gebraucht für lustige, seltsame, gefühlsschwangere, überraschende Situationen

Hintergrund: Die Formulierung verwendeten Dichter Ende des 18. Jahrhunderts als starkes Sprachbild für Rührung. So findet sich bei Johann Daniel Falk in dem Gedicht »Paul. Eine Handzeichnung« von 1799 im Zusammenhang mit einem Begräbnis wörtlich: **»Da bleibt kein Auge trocken.«** Im gleichen Jahr formuliert Friedrich Schiller in seiner extrem populären Ballade »Die Bürgschaft« angesichts wunderbarer Freundestreue: **»Da sieht man kein Auge tränenleer ...«** In dieser Form verwendet man die Redensart im 19. Jahrhundert noch ernst- und zitathaft. Wegen der vielen Parodien der »Bürgschaft« und der übertriebenen Zitatenseligkeit des Bürgertums bekam sie bald einen Schlag ins Ironische.

Redensarten zum Heulen

eine Heulsuse/Heulliese sein

ein Jammerlappen sein

Rotz und Wasser heulen

Krokodilstränen weinen

auf die Tränendrüse drücken

Heulen und Zähneklappern

heulen wie ein Schlosshund

eine Heulboje sein

Augenpipi machen

nah am Wasser gebaut sein/haben

mit einer Träne im Knopfloch

ein altes Klageweib sein

jemandem Sand in die Augen streuen

Bedeutung: schläfrig machen; jemanden täuschen

Hintergrund: Die meisten kennen den Sandmann oder das Sandmänn-chen, einen freundlichen Geist, der Kindern Schlafsand in die Augen streut. Er war die Hauptperson in Geschichten, die man kleinen Kindern schon vor über 200 Jahren erzählte, die am Morgen oft kristalline Reste der Tränenflüssigkeit in den Augenwinkeln fanden und sich darüber ver-wundert die Augen rieben.

Außerdem führt Sand im Auge zum unwillkürlichen Schließen dessel-ben. Wer **»jemandem Sand in die Augen streut«**, hindert ihn also da-ran, klar zu sehen und zu erkennen. In vielen Sprachen gibt es ähnliche Redensarten, wobei es im Englischen und Französischen **»Staub in die Augen werfen«** heißt. Das führt man einerseits auf die Sportler der Anti-ke zurück, die bei Laufwettbewerben absichtlich viel Staub aufgewirbelt haben sollen, um die hinter ihnen Laufenden zu behindern, andererseits auf einen alten Fechter- oder Ringertrick, dem Gegner Sand ins Auge zu werfen.

jemandem wird schwarz vor Augen

Bedeutung: jemand wird ohnmächtig

Hintergrund: Wer Kreislaufprobleme hat, kennt das Phänomen. Beson-ders bei einem plötzlichen Aufstehen kann das Herz nicht schnell genug Blut und damit Sauerstoff zu den Augen und zum Gehirn transportieren. So wird es einem im Wortsinn **»schwarz vor Augen«**, ja man kann be-sinnungslos werden, weshalb man die Redensart auch auf die Ohnmacht selbst sowie auf Schockerlebnisse übertrug.

Auge um Auge, Zahn um Zahn

Bedeutung: Jede Schuld, jede Untat muss exakt ausgeglichen werden.

Hintergrund: Die Formulierung kommt in den fünf Büchern Moses mehrfach vor, dazu noch weitere Paarungen wie »Fuß um Fuß, Hand um Hand« etc. Schon vor über 2000 Jahren stritten Theologen darüber, wie die Formel rechtlich umzusetzen sei: Gemäß der einflussreichsten jüdischen Tradition fordert dieses Vergeltungsrecht nicht, Augenausschlagen mit Augenausschlagen zu beantworten, vielmehr steht die Formel im Zusammenhang mit Ausgleichs- und Entschädigungszahlungen, was einen Fortschritt im Vergleich zur Blutrache darstellte.

Im Alltag emanzipierte sich das geflügelte Wort rasch vom religiösen Kontext und bedeutete, dass Missetäter nicht mit Gnade, sondern mit einer der Tat entsprechenden Vergeltung zu rechnen hätten. Aktuell hört man den Satz durchaus auch ironisch und aus Schadenfreude geäußert.

Argusaugen haben, jemanden mit Argusaugen bewachen

Bedeutung: sehr gute Augen haben; jemanden extrem aufmerksam bewachen

Hintergrund: Argus ist der Name eines hundertäugigen Riesen oder Drachen der antiken griechischen Mythen, der als idealer Wächter galt, weil er immer nur mit der Hälfte seiner Augen schlief. Der listige Götterbote Hermes wusste das und verkleidete sich als Hirte, näherte sich Argus und sang ein mächtiges Schlaflied, das ihn mit all seinen 100 Augen einschlafen ließ. So konnte Hermes Argus töten. Göttermutter Hera fand den gemeuchelten Wächter und verwandelte ihn mitleidig in einen Pfau, in dessen Schwanzfedern die hundert Augen bis heute schimmern.

Diese Geschichte vom eigentlich perfekten Wächter machte Argus in vielen Kulturen sprichwörtlich. Manche Detektivagentur nennt sich heute noch so.

mit einem lachenden und einem weinenden Auge

Bedeutung: mit zwiespältigen Gefühlen

Hintergrund: Neben Goethes »Faust« ist Shakespeares »Hamlet« wohl das Drama, das dem Deutschen die meisten geflügelten Worte schenkte. Im ersten Akt erklärt der neue König Claudius, dass er seinen gerade gestorbenen Vorgänger beweine, aber sich gleichzeitig über seine bevorstehende Hochzeit mit dessen Witwe freue, wörtlich **»with an auspicous and a dropping eye«**. Die für mindestens eineinhalb Jahrhunderte einflussreichste Übersetzung ins Deutsche von August Wilhelm Schlegel und Ludwig Tieck formulierte »mit einem heitern, einem nassen Aug'«. Im Alltag wurde das schnell ins Gewöhnliche verändert, sodass es schon im 19. Jahrhundert so hieß wie heute.

das Auge des Gesetzes

Bedeutung: die Polizei / ein Polizist, die Aufmerksamkeit der Justiz

Hintergrund: Die Gesetze selbst wachen gleichsam über den Bürger. Ihren richtenden Blick kennt bereits die Antike. Die Vorstellung machte Friedrich Schiller in seiner höchst populären Ballade »Die Glocke« sprichwörtlich: »Doch den sichern Bürger schrecket / nicht die Nacht, / die den Bösen schrecklich wecket, / denn das Auge des Gesetzes wacht.« Im 19. Jahrhundert übertrug man das geflügelte Wort erst ironisch, dann ernsthaft auf Polizisten selbst.

Das Auge isst mit. Die Augen sind größer als der Magen.

Bedeutung: Das Aussehen des Essens beeinflusst den Appetit. Gier und Appetit übertreffen oft die Grenzen der Verträglichkeit.

Hintergrund: Fast selbstverständlich erscheint es, dass schön angerichtete Speisen dem Appetit förderlich sind. Besonders Kindern, die ihren Appetit noch nicht einschätzen können, macht man den Vorwurf »Da waren die Augen größer als der Magen«. Über Erwachsene, die im Restaurant aufessen, obwohl es ihnen eigentlich zu viel ist, spottet man: **»Lieber den Magen verrenkt, als dem Wirt was g'schenkt.«**

eine wahre Augenweide sein

Bedeutung: ein außergewöhnlich schöner Anblick sein

Hintergrund: »Sie war zur Augenweide vielen Rittern geboren« heißt es schon im mittelalterlichen »Nibelungenlied«. Man stellt sich bei der Redensart die Augen wie ein grasendes Tier und das Schöne wie eine herrliche Weide vor, auf der das Auge seinen Schönheitsappetit stillen kann.

die Augen gehen einem über

Bedeutung: weinen müssen, stark gerührt sein; staunen

Hintergrund: Man stellte sich Mund, Herz und Auge bereits um 1500 als Gefäße vor, die von Gefühlen, Worten, Gedanken, Tränen so voll werden können, dass sie überfließen. Martin Luthers sprichwörtlicher Satz aus der »Sendschrift vom Dolmetschen« heißt denn auch: **»Wes das Herz voll ist, des geht der Mund über.«** Der Sinn von »übergehen« ist hier »überfließen aus Überfülle«. Die Zeilen »die Augen gingen ihm über, so oft er trank daraus« aus Goethes berühmtem Lied »Der König in Thule« ließen die altehrwürdige Redensart bis heute überleben. Mit dem Übergehen der Augen verband man zunehmend auch ein Größerwerden der Augen, was für Staunen steht.

aus den Augen, aus dem Sinn

Bedeutung: Spott über eine schwache Liebe/Anhänglichkeit/Freundschaft, aber auch über naive oder rücksichtslose Vorgehensweisen beim Umgang mit Problemen

Hintergrund: Beim römischen Dichter Properz liest man knapp vor unserer Zeitrechnung: »Quantum oculis, animo tam procul ibit amor.« Deutsch heißt das: »Wie von den Augen, so geht die Liebe weit vom Herzen.« In sehr vielen Sprachen des Abendlandes findet sich, wahrscheinlich auf diese Weisheit zurückgehend, dasselbe Sprichwort für eine schwache Liebe, die verschwindet, sobald das Liebesobjekt aus den Augen verschwindet. Von der Sphäre der Liebe emanzipierte sich das Sprichwort spätestens im 20. Jahrhundert. Seither verwendet man es auch als Spott für Leute, die Probleme »unter den Teppich kehren«.

DIE OHREN

Kinder hören noch heute die Frage: »Warum hat man zwei Ohren, aber nur einen Mund?« Die Antwort: »Damit man doppelt so viel zuhören wie sprechen kann.« Dabei hat man zwei Ohren, um beispielsweise Geräusche richtig orten zu können. Selbst wenn man etwas mit geschlossenen Augen herunterfallen lässt, wird man sich automatisch dorthin beugen, wo es aufgetroffen ist. Deutlich weniger als die Augen sind die Ohren im Bereich der sprichwörtlichen Redensarten mit Intelligenz verbunden. »Dämlich sein« hat allerdings indirekt mit den Ohren zu tun. Das Wort kommt nicht, wie ein alter Herrenwitz behauptet, von »Dame«, sondern von »damisch«, das wiederum ursprünglich »nicht hörend, taub« bedeutete. Wer taub war, verstand die Sprechenden nicht und wirkte deshalb dumm. »Dame« stammt übrigens vom lateinischen Wort *domina* für »Herrin«. Als deutlich sichtbare Körperöffnungen versteht man die Ohren im Sprichwörtlichen auch als gefährliche »Einfallstore« zum Gehirn des Menschen.

ein Schlitzohr sein

Bedeutung: durchtrieben, zu Späßen oder Streichen aufgelegt sein

Hintergrund: Betrüger bestrafte man seit dem hohen Mittelalter vielerorts mit Einschlitzen des Ohres, um sie für andere schnell erkennbar zu machen.

Seit dem 19. Jahrhundert veränderte sich die Bedeutung zunehmend von der ernsthaften Warnung vor einem durchtriebenen Betrüger hin zu einem Lob für eine Person, die lustige Streiche spielt oder zu gewitzten Scherzen aufgelegt ist. Ein Zusammenhang mit dem strafenden Herausreißen der Ohrringe von Wandergesellen, ist höchstens sekundär.

es faustdick hinter den Ohren haben

Bedeutung: durchtrieben, zu Späßen/Streichen aufgelegt sein

Hintergrund: Die schon hochmittelalterliche Vorstellung vom personifizierten Schalk, der einem hinter den Ohren oder im Nacken sitze und zu Späßen animiere, steht an der Wiege der Redensart. Heute verwendet man sie durchweg als Lob für Leute, die aufgeweckter sind als vermutet. Man sprach ihnen eine personifizierte Gewitztheit zu, die ihnen – nicht leicht zu entdecken – hinter den Ohren sitze oder stecke.

Dazu kam der Glaube, die Schädelknochenformen sagten etwas über den Charakter eines Menschen aus. Wulstartige Verdickungen derselben hinter den Ohren wiesen angeblich auf Verschlagenheit hin.

Halt die Ohren steif!

Bedeutung: Mach's gut! Lass dich nicht unterkriegen! Sei standhaft!

Hintergrund: Einer ganzen Reihe von Tieren wie etwa Rehen oder Hasen sieht man es an schlaffen Ohren an, wenn sie müde sind. Gespitzte Ohren dagegen zeigen Erregung und Vitalität an. In Analogie dazu meint der Wunsch **»Halt die Ohren steif!«**, man solle sich den widri-

gen Winden des Schicksals entgegenstemmen und sich von Herausfor-
derungen nicht den Elan rauben lassen.

die Ohren spitzen, die Ohren aufsperren, ganz Ohr sein

Bedeutung: sehr gut zuhören

Hintergrund: Bei Pferden, Katzen und Hunden erkennt man ihre erhöh-
te Aufmerksamkeit an emporgereckten und damit spitz aussehenden
Ohren. Das übertrug man spaßhaft auf den Menschen. Vielleicht spielt
auch die alte Bedeutung des Wortes »spitz« für »gewitzt, klug« hinein,
der sich Redensarten wie **»spitzfindig«** oder **»etwas spitzkriegen«**
verdanken.

Die Wendung **»die Ohren aufsperren«** entstand wohl aus **»die Augen
aufsperren«**. Da Hören zu einem großen Teil mit einer bewussten Aufmerksamkeit zu tun hat, konnte man mit gutem Recht fordern, die Ohren
weit zu öffnen. Die gewünschte Antwort darauf ist natürlich: **»Ich bin
ganz Ohr.«** Mit dieser übertreibenden Redensart, die oft bildlich witzig
dargestellt wurde, bezeugt man, quasi nur aus Zuhören zu bestehen.

sich etwas hinter die Ohren/Löffel schreiben

Bedeutung: sich etwas gut mer-
ken

Hintergrund: Vom frühen Mittelalter und bis weit ins 19. Jahrhundert hinein hielt sich ein alter
Brauch beim Setzen von Grenzstei-
nen. Man nahm einen Jungen mit,
wies ihn extra deutlich auf die Position des Grenzsteins hin. Dann gab
man ihm etwas Geld und – ganz unerwartet – eine Ohrfeige oder zog ihn
kräftig am Ohr. Der überraschende Schmerz
sollte ihm als sinnliche Gedächtnisstütze
dienen. Man nannte das launig **»etwas hinter die Ohren/Löffel schreiben«**. »Löffel«

kommt hier von der Bezeichnung der Hasenohren, die man spaßig oft bei Kindern verwendete.

jemanden übers Ohr hauen

Bedeutung: jemanden betrügen, übervorteilen

Hintergrund: Die Fechtersprache stand Pate für diese Redensart. Früher hieß sie auch **»jemanden blutig übers Ohr hauen.«** So ein derber Schlag konnte leicht mit einem Streich oder leichten Betrug verglichen werden.

Über die Jahrhunderte entwickelten sich zudem gerade beim akademischen Fechten viele Regeln für einen fairen, ehrenhaften Kampf. Zu den verpönten Schlägen gehörte dabei der über das Ohr / die Ohrenlinie, erst recht ein blutiger. Wer ihn dennoch anwendete, hielt sich nicht an die Regeln und glich damit einem Betrüger.

jemandem einen Floh ins Ohr setzen

Bedeutung: jemanden auf eine fixe Idee bringen, in jemandem unrealistische Wünsche wecken

Hintergrund: Ähnlich wie beim Ohrwurm, den man nicht mehr loswird, setzt man bei dieser Redensart den Floh mit einer fixen Idee gleich, die man nicht mehr loswird. Zum einen ist ein Floh im Ohr kaum mehr einzufangen, zum anderen ist das Ohr schon nach antiker Vorstellung direkt mit dem Herzen und den Wünschen verbunden.

Vor knapp 400 Jahren konnte die Redensart noch positiv bedeuten »jemanden auf die richtige Spur bringen« oder auch nur »nachdenklich machen«. So in Hans Jacob Christoffel von Grimmelshausens Roman »Simplicissimus« von 1668, wo es heißt: »Auf dem Zurückweg machte ich mir allerhand Gedanken, ... denn Springinsfeld hatte mir einen unruhigen Floh ins Ohr gesetzt ...«

sich aufs Ohr legen/hauen

Bedeutung: schlafen gehen

Hintergrund: Woher die Redensart kommt, können Seitenschläfer täglich an sich selbst beobachten. Dass beim Hinlegen ein Ohr verschlossen wird, passt gut dazu, dass man während des Schlafens Geräusche nicht mehr bewusst wahrnimmt. In der Umgangssprache, besonders im Soldatischen, verwendete man das drastischere »hauen«.

noch feucht / nicht trocken / grün hinter den Ohren sein

Bedeutung: unreif, nicht ernst zu nehmen sein

Hintergrund: Die sehr abschätzige Redensart vergleicht jemanden – vor allem freche, aufbegehrende Knaben oder Männer – mit einem neugeborenen Baby, das vom Geburtsprozess noch Fruchtwasserreste hinter den Ohren hat. Unter dem Einfluss von anderen Unreife-Redensarten wie **»ein Grünschnabel / ein grüner Junge / ein Greenhorn sein«** kam **»grün hinter den Ohren«** dazu, wobei »grün« auf eine noch grüne, also unreife Frucht hinweist.

auf dem Ohr taub sein, die Ohren auf Durchzug schalten, zum einen Ohr rein, zum anderen wieder heraus, auf seinen Ohren sitzen, nur mit halbem Ohr zuhören, tauben Ohren predigen, (k)ein Ohr für etwas haben

Bedeutung: eine bestimmte Sache nicht wahrnehmen wollen; nicht bzw. unaufmerksam zuhören; ohne Wirkung warnen; (k)ein Sensorium für etwa haben

Hintergrund: In den ersten Redewendungen geht es um jemanden, der bewusst etwas nicht wahrnehmen will. Er oder sie erweckt den Anschein, als wäre er oder sie taub, oder als bestünde eine direkte Rohrverbindung zwischen den Ohren, durch die das Gehörte hindurchrausche, ohne ins Bewusstsein zu gelangen. Wer auf seinen Ohren sitzt, kann nichts hören, wer mit halbem Ohr zuhört, erfasst höchstens die Hälfte.

Bekannte, oft zitierte Texte der römischen Antike beschrieben das Phänomen aus der Sicht des Sprechenden als **»tauben Ohren singen / eine Geschichte erzählen«**, was sicher unsere Redensart **»tauben Ohren predigen«** beeinflusste. »Predigt« steht hier für eine »Mahnrede«, die wirkungslos verpufft. Wer dagegen ein besonders feines Sensorium für etwas hat, dem bescheinigt man, **»ein Ohr für etwas zu haben«**, also eigentlich eine dafür besonders geeignete Hörfähigkeit; oder eben gerade nicht, also **»kein Ohr für etwas haben«**.

bis über beide Ohren verliebt sein

Bedeutung: maßlos verliebt sein; seine Freude deutlich zeigen

Hintergrund: Das Bild eines Menschen, der **»bis über beide Ohren«** in einem Wasser oder Sumpf versinkt und sich damit in einer extremen Situation befindet, erklärt die über 500 Jahre alte Redensart. Die Liebe, die zuweilen mit einem Sumpf, aber auch mit Quark, in dem man stecke, verglichen wurde, passte dazu sehr gut, zumal der Verliebte ja seit je als blind bezeichnet wird. Wer bis über beide Ohren in etwas steckt, sieht nichts mehr.

eine Ohrfeige/Backpfeife oder einen Satz heiße/rote Ohren bekommen

Bedeutung: mit der flachen Hand strafend aufs Ohr geschlagen werden

Hintergrund: Die Ohrfeige ist keine Frucht, sondern entstand durch lautliche Umformung aus dem Wort »Ohrfeger«, das sich aus dem »wischenden« Schlag aufs Ohr erklärt.
Bei der **»Backpfeife«** dagegen kann man nur Vermutungen anstellen. Vielleicht geht es um einen heftigen, pfeifenden Schlag auf die Wange? Eindeutig ist wiederum die letzte Redensart, die meist als Drohung formuliert wird. Wie bei einer Warenlieferung heißt es, der andere werde »einen Satz« – im Sinne von Set – **»heiße oder rote Ohren bekommen«**, wobei es sich natürlich um die durch Schläge heiß bzw. rot gewordenen Ohren handelt.

ein Ohrwurm sein / einen Ohrwurm haben, ins Ohr gehen

Bedeutung: ein sehr einprägsames Musikstück, ein Musikstück nicht aus dem Sinn bekommen; ein eingängiges Musikstück sein

Hintergrund: Die meisten kennen ein kleines, mit eindrucksvollen Zangen am Hinterleib versehenes Insekt unter Namen wie Ohrenkneifer, Ohrenhöhler oder Ohrwurm. Diese verdankt es der seit der Antike lebendigen Überzeugung, es krieche in die Ohren Schlafender hinein und sei daraus nur schwer zu entfernen. Das Tier bot sich daher als Vergleich für sehr einprägsame Musikstücke an, die einem leicht **»ins Ohr gehen«** und – einmal gehört – für lange Zeit dort bleiben.

jemandem werden die Ohren geklungen haben

Bedeutung: es wurde intensiv, meistens gut über jemanden in dessen Abwesenheit gesprochen

Hintergrund: Man glaubte seit dem hohen Mittelalter, dass ein intensives Gespräch über einen Abwesenden sich bei diesem als feines Klingen der Ohren auswirke. Manchmal differenzierte man sogar und sagte, dass ein Klingen im rechten Ohr gutes Reden bedeute, eines im linken üble Nachrede.

mit den Ohren schlackern

Bedeutung: sehr überrascht sein

Hintergrund: Bei dieser Redewendung vergleicht man Menschen mit Tieren, die weiche, große Ohren haben, die sie im Fall der Überraschung zusammen mit dem Kopf wackeln lassen können. **»Schlackern«** ist ein niederdeutsches Wort, das ursprünglich u.a. schlaffe Segel bei wenig Wind beschrieb.

jemandem ein Ohr leihen, ein geneigtes Ohr haben

Bedeutung: jemandem huldvoll zuhören; für jemandes Anliegen etc. offen sein

Hintergrund: In schöner, einleuchtender Übertreibung schildert die erste Redensart das Zuhören so, als überlasse jemand leihweise sein Ohr auf Zeit einem anderen. Die zweite, ein wenig altmodische Redensart bezieht sich auf die Zeiten starker Hierarchie-Unterschiede. Noch Mitte des letzten Jahrhunderts empfand man bereits ein Neigen des Kopfes, um Niedergestellten besser zuhören zu können, als Zeichen von Gnade und Zugewandtheit.

jemandem ein Ohr abknabbern/abkauen, eine Kassette ins Ohr schieben

Bedeutung: jemandem unangenehm viel sagen, unentwegt sprechen

Hintergrund: Wer einem anderen unentwegt ins Ohr quatscht, sieht aus einiger Entfernung so aus, als kaue er an dessen Ohr, ja als **»knabbere**

er es ab«. In England sagt man dazu **»to bend one's ear«**, also »jemandes Ohr verbiegen«.

Obwohl Audio-Kassetten technisch gesehen zu den Antiquitäten gehören, erleben sie gerade zusammen mit dem Analogfilm und der Vinylschallplatte eine Art Revival. Das verhalf auch der alten Redensart für ausdauerndes Reden zu einem Aufschwung, bei dem das Ohr mit dem Kassettenfach eines Rekorders gleichgesetzt wird, der Redeschwall mit der Menge an Rede, die auf einer Kassette aufgenommen werden kann.

DIE NASE

Der aus dem Gesicht vorwitzig hervorstechende Körperteil spielt im Sprichwörtlichen eine ebenso hervorstechende Rolle, besonders aufgrund seiner doppelten Empfindlichkeit: So ist es einerseits höchst schmerzhaft, wenn man **»eins auf die Nase kriegt«**, da hier viele Nerven verlaufen, andererseits kann **»ein guter Riecher«** außerordentlich fein wahrnehmen.

Ein ganzes Theaterstück spielt in zahllosen Formulierungen auf die Nase an: »Cyrano de Bergerac« von Edmond Rostand aus dem Jahr 1897. Der Titelheld besitzt eine ganz ungeheure Nase, die er selbst in kunstvoll übertreibenden Formulierungen bespöttelt: als einen Haken, um den Hut daran aufzuhängen, als Futteral für eine Zuckerzange, als »Felsgeklüfte, Berg und Tal, / Ein Kap, ein Vorland, eine Inselgruppe«, als »Zwergkürbis oder riesige Kartoffel«. Und Orlando di Lasso nennt vor 450 Jahren in seiner Komposition »Nasentanz« nicht weniger als 89 unterschiedliche Gesichtserker.

Seit Menschengedenken macht man sich über die Form der Nase in Redensarten lustig, vergleicht sie mit Vogelschnäbeln oder Gemüse, nennt Träger von besonders großen Exemplaren Nasenbären oder schließt schon seit der Antike bei Männern von der Länge der Nase auf ein anderes Körperteil. Das führte zum Sprichwort: **»An der Nase eines Mannes erkennt man seinen Johannes.«**

Bedeutender noch ist die ebenso alte Vorstellung, man könne von der Nasenform auf den Charakter eines Menschen schließen, so schon im antiken Rom bei Martial, im 16. Jahrhundert bei Paracelsus oder im 18. bei Johann Caspar Lavater. Durchweg galten große Nasen als eher positiv, platte und kleine Nasen wiesen für die Physiognomen auf unbedeutende Leute und Kleingeister hin. In lächerlich wirkender Analogie sah man hingegen in Trägern von Adlernasen bedeutende Charaktere, in spitznasigen Menschen spitzbübische, lästerfreudige Naturen, und stumpfe Nasen sollten auf Verleumder hinweisen, auf Lasterhafte und Böse.

Wessen Nase in einer Schlacht oder gar als Strafe vom Scharfrichter abgeschlagen wurde, galt vielen Kulturen nicht nur als entstellt, sondern auch als unheimlich, lächerlich oder würdelos. So schnitten die Byzantiner missliebigen Thronprätendenten die Nase ab, da nur ein nicht verstümmelter Mann König werden konnte. Noch heute kommt diese Art der Bestrafung bei der Mafia vor.

Die Nase erweist sich im Sprichwörtlichen als ein Sinnesorgan, das mit dem Irrationalen und Animalischen assoziiert wird. Es ist eben nicht vernünftig zu erklären, dass man **»jemanden nicht riechen kann«**. Hier geht es um unabweislich Instinktives.

Dass Hunde, wie Menschen sehr früh beobachteten, einen außerordentlich feinen Geruchssinn besitzen, ließen das Riechen und die Nase zusätzlich in Misskredit oder zumindest unter Verdacht geraten, zumal diese an sich schon oft verachteten Tiere gerade ihre Nase anscheinend in jeden Dreck steckten.

Gleichwohl bescheinigt man bereits seit 1000 Jahren besonders findigen Menschen eine ähnlich gute Nase wie Jagdhunde zu haben und lobte sie schon im 18. Jahrhundert als **»Spürnasen«**.

Leider kann man die Nase im Gegensatz zu den Augen nicht einfach schließen. Sie *kann* also Anrüchiges wahrnehmen, aber sie *muss* es auch, will man sie nicht mit den Fingern zuhalten.

eine Nase / einen Riecher für etwas haben, eine Spürnase sein

siehe Die fünf Sinne und noch mehr, S. 34

naseweis / ein Naseweis sein

Bedeutung: altklug, vorlaut sein, frech mit seinen Meinungen herausplatzen

Hintergrund: Ein guter Spürhund weist mit seiner Nase dem Jäger den Weg zur Beute. Daraus entstand das Wort **»naseweis«**. Es konnte freilich auch so viel wie **»nasenklug, nasenkundig«** bedeuten, da »weisen« und »weise« von der gleichen Wortwurzel abstammen.

War das Vorwärtsdrängen beim Hund ein Qualitätsmerkmal, empfand man es im 16. Jahrhundert bei Menschen, die sich mit ihrem Wissen und ihren Worten in den Vordergrund drängten, als unangemessen. Schon im 19. Jahrhundert bezog sich die Redensart durchweg auf vorlaute, altkluge Kinder.

jemanden an der Nase herumführen, jemanden nasführen

Bedeutung: jemandem etwas vormachen, ihn hereinlegen, betrügen, necken

Hintergrund: Ursprünglich machte man so etwas nur mit Tieren, besonders Stieren und Bären. An einem Ring durch die Nasenscheidewand war ein Seil befestigt, an dem man sie herumführen konnte. Obwohl sie stärker waren, folgten sie, um dem Schmerz zu entgehen. Aus diesem Aufzwingen des Willens bei Tieren entwickelte man die Redensart für scherzhafte Täuschungsmanöver aller Art bei Menschen.

jemandem eine (lange) Nase drehen

Bedeutung: Schadenfreude zeigen, sich über jemanden lustig machen

Hintergrund: Bis heute ist unter Kindern die etwa ein halbes Jahrtausend alte Geste verbreitet, die hinter der Redensart steckt: Man hält sich mindestens eine Hand so vors Gesicht, dass der Daumen an der Nase anstößt und die restlichen Finger nach oben gespreizt sind. Oft vergrößert man die Geste mit der zweiten Hand, deren Daumen am kleinen Finger der ersten anschließt. Manche lassen die Finger dabei hin und her flirren und begleiten die Geste mit schadenfrohen Lauten wie »bähbähbäh« oder »ätschbätsch«.

Die Geste und ihre Bedeutung geht auf die aus Wachs gedrehten Nasenverlängerungen der Narrenfiguren im 16. Jahrhundert zurück. Sie zeigt also, dass man den anderen genarrt hat oder ihn für einen närrischen Menschen hält.

Durch zahllose Bilder von Pieter Bruegel über Heinrich Hoffmanns »Struwwelpeter« bis hin zu aktuellen Karikaturen wurde die Geste populär und damit auch ihr sprichwörtlicher Gebrauch, der freilich erst im

18. Jahrhundert fassbar wird. Offenbar sah man in der Geste auch eine Art Parodie des militärischen Grüßens.

sich an die eigene Nase fassen sollen

Bedeutung: sich um seine eigenen Sachen und deren Kritikwürdigkeit kümmern sollen, anstatt andere zu kritisieren

Hintergrund: Beliebt sind ab dem 17. Jahrhundert Darstellungen eines Vogels namens »Selbsterkenntnis«, ein Tier, dessen Leib hinten Vogelfedern hat, vorn aber einen menschlichen Kopf, aus dessen Schädeldach wiederum ein langer Reiherhals mit Kopf und Schnabel wächst. Mit dem Schnabel zwickt der Vogel sich in die eigene Menschennase.

Vielleicht popularisierte sich damit eine wesentlich ältere Vorstellung, die sich schon in normannischen Rechtsgebräuchen finden lässt. Wer falsches Zeugnis über andere ablegte und dabei ertappt wurde, musste beim öffentlichen Widerruf sich selbst bei der Nase fassen.

seine Nase in alles / jeden Dreck / fremde Angelegenheiten stecken

Bedeutung: sich übereifrig um Dinge kümmern, die einen nichts angehen

Hintergrund: Wenn sich jemand tief über ein Buch beugt, aufmerksam an einer Speise riecht oder am Inhalt von Gläsern, dann sieht es – ähnlich wie bei Hunden, die etwas beschnuppern – wirklich so aus, als stecke er seine Nase dort hinein. Erst nur ein scherzhafter Ausdruck für die Beschäftigung mit etwas, entwickelte sich die Redensart immer mehr zu einer, die aufdringliche, lächerliche und ärgerliche Neugier beschreibt. Durch ein geflügeltes Wort aus Goethes »Faust« nahm die Beliebtheit noch zu. Der Teufel Mephisto sagt zu Gott im »Prolog im Himmel« spöttisch über den Menschen: »In jedem Quark begräbt er seine Nase.« Dabei steht »Quark« für Wertloses, Bedeutungsloses, Dreck etc.

die Nase hoch tragen / hochnäsig sein, die Nase über etwas rümpfen

Bedeutung: eingebildet, stolz und überheblich sein; Unwillen, Verachtung, Ekel zeigen

Hintergrund: Ein interkulturell verständliches Zeichen für den Stolz ist der gehobene, leicht nach hinten geneigte Kopf, wobei die Nasenspitze besonders deutlich nach oben zeigt. Dabei verstärkt die gerümpfte Nase den Eindruck von Überheblichkeit und Verachtung noch. »Rümpfen«, das »faltig machen, zusammenziehen« bedeutet, kennt man als Verb praktisch nur noch im Zusammenhang mit der Redensart.

jemandem etwas an der Nasenspitze ansehen, jemandes Nase gefällt einem nicht

Bedeutung: jemandem etwas, besonders eine Schuld, an seiner Miene ablesen können; jemand ist einem unsympathisch

Hintergrund: Seit der Antike glaubt man, an der Nasenform Eigenschaften und Stimmungen von Menschen ablesen zu können. Sind sie sehr offensichtlich, genügt die Nasenspitze dafür. Wer an eine solche Verbindung von Gesichtsschnitt und Charakter glaubt, dem reicht zur Antipathie eine Nase, da sie angeblich das Wesen eines Menschen repräsentiert. Heutzutage bedeutet die Redensart eher, dass man nicht genau sagen kann, *warum* man jemanden nicht mag, sondern nur *dass* es so ist.

alle nas(e)lang

Bedeutung: sehr häufig, in rascher Folge

Hintergrund: Der übertreibenden Redensart liegt die Nase als lustig kurze Längenangabe zugrunde, die hier auf ein zeitliches Maß übertragen wird.

die Nase vorn haben

Bedeutung: in aussichtsreicher Position sein

Hintergrund: Es gibt die Nasenlänge als Längenangabe tatsächlich im Pferderennen. Bei einem extrem knappen Ausgang entscheidet nicht mehr eine Kopf-, sondern nur noch eine Nasenlänge über den Sieg.

direkt vor der Nase sein, jemanden/etwas vor die Nase gesetzt bekommen, vor der Nase wegschnappen

Bedeutung: sehr nah sein; ungefragt mit einem/einer neuen Vorgesetzten oder etwas Bedrängendem konfrontiert werden; jemandem beim Kauf o. Ä. zuvorkommen

Hintergrund: Es gibt im menschlichen Sozialverhalten einen – kulturell unterschiedlich weiten – persönlichen Nahbereich, die sogenannte intime Zone; in Deutschland etwa 40 Zentimeter um eine Person herum. Im Vergleich dazu ist eine Nasenlänge Abstand extrem nah. Wer in diesem Bereich etwas übersieht, wird zu Recht verspottet. Unangenehm, fast unanständig kann es sein, mit einem neuen Vorgesetzten, Kollegen oder unangenehmen Umständen so direkt konfrontiert zu werden.

Die dritte Redensart lässt an Hunde denken, die einander bestehlen, da das Wort »schnappen« sich üblicherweise auf das Zufassen mit dem tierischen Maul bezieht.

nicht über die Nasenspitze hinaussehen; nicht weiter sehen, als die Nase reicht

Bedeutung: beschränkt sein

Hintergrund: Klugheit verbindet man seit jeher mit Weitsicht, Dummheit mit Beschränktheit der Sicht. Die spöttische Redensart beschreibt sie als nasenkurz.

auf die Nase fallen, auf der Nase liegen

Bedeutung: scheitern, gescheitert sein; krank sein

Hintergrund: Stolze und erfolgreiche Menschen tragen die Nase hoch. Umso beschämender und lächerlicher ist es, wenn sie auf die Nase fallen. Wie heißt es schon in der Bibel: **»Hochmut kommt vor dem Fall.«** Wahrscheinlich übertrug man die Redensart auf Kranke, weil sie im Bett so aussehen konnten, als lägen sie bei seitwärts gedrehtem Kopf auf der Nase.

jemandem die Würmer aus der Nase ziehen (müssen)

Bedeutung: einen mühsam ausfragen, einem sein Wissen oder seine Antworten entlocken müssen

Hintergrund: Die Redensart geht auf öffentlich auftretende Quacksalber alter Zeiten zurück. Sie machten – durchaus in Übereinstimmung mit damaligen Krankheitsvorstellungen – Patienten mit Beschwerden aller Art, besonders Kopfschmerz oder Depression, weis, dass Würmer im Kopf die Ursache wären. Der Behandelnde stocherte dann vor Publikum mit Drahtschlingen in der Patientennase herum und zeigte Würmer, als hätte er sie dort herausgezogen. Tatsächlich kamen sie aus dem Ärmel oder der Hand des »Arztes«. Bereits im 17. Jahrhundert entwickelte sich daraus eine Redensart, die sich auf das Hervorlocken von Geheimnissen bezog. So heißt es in einem Buch über den französischen König Ludwig XIV. von 1689: »Damit aber der König auch was allda passiret/wisse und erfahre/so schicket er [...] seine Leute/dahin/die sich in die Landes-Arth zu richten und vor allem andern den Trunck/auf daß/wann sie sich zu Tisch-Gesellen machen/und den Wein verschlingen/sie/bey ereignender Lustbarkeit/den andern die Würmer aus der Nase ziehen können [...]«

die Nase (gestrichen) voll haben, verschnupft sein

Bedeutung: genug von etwas oder jemandem haben; etwas oder jemanden nicht mehr ertragen; gekränkt, enttäuscht oder ärgerlich sein

Herkunft: Ärger und Aggression führen allgemein zu stärkerer Durchblutung, besonders des Kopfes, was auch zu einem Anschwellen der Nasenmuscheln führt. Ähnlich wie bei einer starken Erkältung wird das Atmen dadurch erschwert, als wäre die Nase verstopft. Der Volksmund entwickelte aus diesen körperlichen Reaktionen die beiden Redensarten, wobei **»verschnupft sein«** einen deutlich geringeren Ärger beschreibt. Bei beiden spielt außerdem wohl der abweisende, oft näselnde Ton eine Rolle, den ein Verärgerter oft anschlägt.

eine Rotznase / ein Rotzbengel / ein Rotzlöffel sein, rotzig/rotzfrech sein

Bedeutung: ein freches Kind / ein frecher Jugendlicher sein, (sehr) frech sein

Herkunft: Unverschämte vergleicht die Redensart mit Kindern, die noch nicht einmal in der Lage sind oder nicht gewillt, sich anständig die Nase zu putzen, was man am Rotz – vulgärsprachlich für Nasenschleim – an der Nase und im Gesicht sieht. Aus den derben Schimpfwörtern **»Rotznase«** und **»Rotzlöffel«**, wobei Löffel hier von »Laffe« für »dummes Kind« kommt, entwickelten sich dann die beiden verkürzten Begriffe.

jemandem auf der Nase herumtanzen

Bedeutung: jemanden rücksichtslos behandeln oder ausnutzen, frech sein, sich nicht an Regeln halten

Hintergrund: Im 17. Jahrhundert konnte man auch noch sagen **»jemandem auf der Nase herumspielen/herumtrommeln«**, und in der Schweiz heißt es drastisch **»sich ned uf d nase schisse lo«**. In allen Fällen geht es um undenkbare und damit unerhörte, also freche Behandlungsweisen der empfindlichen Nase. Als sehr ähnliche Varianten der Redensart gab bzw. gibt es **»auf jemandes Kopf herumtanzen«** oder **»auf jemandes Nerven herumtrampeln«**, bei denen ebenfalls etwas sehr Empfindliches malträtiert wird.

jemandem etwas unter die Nase reiben

Bedeutung: jemanden mit etwas Unangenehmem, vor allem mit einem Fehler oder einer Niederlage, rücksichtslos, ja triumphierend, konfrontieren; jemanden tadeln, ihm etwas in aller Deutlichkeit sagen

Herkunft: Das Unangenehme oder Tadelnswerte, das einer getan hat, setzt die schon ein halbes Jahrtausend alte Redensart mit etwas Übelriechendem gleich, das dem anderen offensichtlich so sehr stinkt, dass er es dem Übeltäter nicht nur unter die Nase hält, sondern sogar reibt. Damit wird sein empfindliches Geruchsorgan direkt mit dem Anrüchigen – um im Bild zu bleiben – konfrontiert, sodass es keine Ausflüchte mehr geben kann.

jemandem etwas nicht auf die Nase binden

Bedeutung: jemandem etwas nicht sagen wollen

Hintergrund: Auf die Nase gebunden, wäre etwas für jemanden unübersehbar. So beschreibt die Redensart, dass man jemanden mit etwas nicht konfrontieren will.

sich eine blutige Nase holen, jemandem eins auf die Nase / einen Nasenstüber geben

Bedeutung: eine schwere Niederlage oder einen großen Misserfolg erleiden; jemanden tadeln bzw. mit leichter Hand schlagen

Hintergrund: In der Nase befinden sich viele kleine Blutgefäße, die bei Schlägen oder Stößen leicht und reichlich bluten. In der ersten Redensart kann von jemandem die Rede sein, der stur seine Vorhaben verfolgt, quasi mit dem Kopf durch Wand will, wobei er sich eine blutige Nase holt, oder von einem, der durch einen Schlag auf die Nase an der Durchsetzung seines Vorhabens gehindert wird. In beiden Fällen muss er erfolglos abziehen.

Der Schlag auf die Nase war und ist im Faustkampf beliebt, weil er große Wirkung erzielt. Im Alltag hört man die zweite Redensart hauptsächlich als Drohung: **»Wenn er das noch mal macht, geb' ich ihm eins auf die Nase!«** Mancher verwendet auch heute noch das schöne alte Wort **»Nasenstüber«**, das ursprünglich ein Schnippen mit dem Finger an die Nase eines anderen war, heute durchweg aber als leichter Schlag auf dieselbe verstanden wird.

sich eine goldene Nase verdienen

Bedeutung: unverschämt viel verdienen, überraschend hohen Gewinn machen

Herkunft: Nach 1900 sagte man statt **»einen guten Riecher haben«** auch **»eine goldene Nase haben«**. Die Redensart bezog sich vor allem auf ein feines Gespür für aussichtsreiche Geschäfte. Wahrscheinlich entstand daraus erst im Sinne eines Lobes **»eine goldene Nase verdienen«**, was sich dann zur heutigen Form weiterentwickelte. Dabei spielte die Tendenz Neureicher, sich alles Mögliche vergolden zu lassen, mit hinein.

jemanden mit der Nase auf etwas stoßen

Bedeutung: etwas sehr deutlich machen/zeigen, vor allem einem Begriffsstutzigen

Herkunft: Die schon um 1700 übliche Redensart bezieht sich auf derbe Erziehungsmethoden bei Menschen und bis heute bei Katzen, die man mithilfe eines Griffs in den Nacken mit dem Kopf und damit der Nase auf etwas Übersehenes oder nicht Wahrgenommenes stößt.

DER MUND

»Flappe, Fotzn, Fresse, Gosche, Klappe, Maul, Mundwerk, Rand, Schnabel, Schnauze, Schnute, Waffel«: Diese kleine Auswahl von Synonymen belegt allein schon, wie häufig der Mund **»in aller Munde«** ist und wie oft man ihn verächtlich benennt; freilich ist zu bedenken, dass Dialekt und Umgangssprache »Maul« auch durchaus neutral verwenden können. Ein Ausdruck wie **»Lippenpaar«** wirkt dagegen gesucht, gekünstelt und pseudopoetisch. Wer wissen will, wie gesprochen wird, tut besser daran, wie Martin Luther **»dem Volk aufs Maul zu schauen«**. Der Mund steht sehr oft für das Sprechen selbst, ob es um einsilbige Menschen geht, um geläufig Plaudernde oder Redselige. Besonders Letzteren begegnet man mit einer Fülle von Schweigegeboten. Unter ihnen ist **»Halt die Klappe!«** nur das bekannteste. Dass unser offensichtlichstes Sprechwerkzeug sprichwörtlich so außerordentlich beliebt ist, hat nicht zuletzt mit seiner erotischen Bedeutung zu tun.

Überlebenswichtig ist die Nahrungsaufnahme durch den Mund, die wir mit den Tieren teilen. Wenn es uns mundet, werden wir zum nimmersatten **»Schleckermaul«** und kommen damit auch sprachlich in die Nähe der Tiere. Wie sehr das Essen in vielen Kulturen als eine Form der Weltaneignung angesehen wird, erkennt man auch an sprichwörtlichen Redensarten in der Art von **»ein Buch verschlingen«**. Die Engländer beschreiben einen sehr Gebildeten mit der heiteren Wendung **»he swallowed the dictionary«** (»er hat ein Lexikon verschluckt«). Die meisten Kulturen kennen den Ausdruck »sich etwas einverleiben« für »Lernen«.

den Mund voll nehmen, die Klappe / das Maul aufreißen, ein Großmaul sein, eine große Klappe haben, ein Maulheld sein

Bedeutung: ein Angeber und Wichtigtuer sein

Hintergrund: Tatsächlich öffnen wir bei lautem Sprechen den Mund weiter, der dadurch größer aussieht. Das übertrug man in spöttisch gesteigerter Weise auf Angeber und ihre unangenehm aufschneiderische Redeweise. Da sie große – im Sinne von bedeutende – Wörter in den Mund nehmen, wirkt der lächerlich voll. Wer nur mit Worten ein Held ist, ist schließlich ein **»Maulheld«**.

etwas vollmundig versprechen

Bedeutung: etwas mit solchem Nachdruck versprechen, dass man schon wieder an der Erfüllbarkeit zweifeln kann

Hintergrund: Das Wort **»vollmundig«** kommt sonst vor allem in der Beschreibung von Bier oder Wein vor und das schon seit vielen hundert Jahren. Da heißt es, ein edler Tropfen sei **»von starkem und vollem Geschmack«**. Während die Redensart zuerst ein starkes und ernst gemeintes Versprechen bezeichnete, entwickelte sich unter dem Eindruck von **»den Mund zu voll nehmen«** die heutige, zweiflerische Bedeutung.

den Mund / die Klappe / Waffel / das Maul / den Rand etc. halten

Bedeutung: nichts sagen

Hintergrund: Am Anfang all dieser Redewendungen steht eine Verkürzung von **»die Hand vor den Mund halten«**, was die typische Geste fürs Nichtsprechen ist. Zur Verstärkung verwendet man oft abschätzige Mund-Synonyme wie **»Waffel«** oder **»Klappe«**. Dabei vergleicht man den gleichsam nur sinnlose Geräusche erzeugenden Mund mit einem Waffeleisen oder einer Klappe, die auf und zu gehen. Ebenso spielt »Klappe« auf das Lärminstrument »Klapper« an. Mit den Klappsitzen in Kirchen, wie oft behauptet wird, hat die Redensart nichts zu tun.

Mund, Nase und Ohren / das Maul aufreißen oder aufsperren

Bedeutung: sehr staunen, überrascht sein

Hintergrund: Ausgehend von den typischen Überraschungsreaktionen des weiten Mund- und Augenöffnens, setzt die Redensart scherzhaft mit dem nur in sehr geringem Maße möglichen Nasenöffnen noch eins drauf. Die krankhafte Maulsperre, bei der der Mund aufgrund eines Krampfes nicht geschlossen werden kann, spielt ebenfalls hinein.

Maulaffen feilhalten

Bedeutung: dumm schauen, staunen, neugierig zusehen, faul herumstehen

Hintergrund: Kienspäne, Stäbchen aus harzreichem Holz, waren bis weit ins 19. Jahrhundert ein sehr beliebtes Beleuchtungsmittel. Billige Kienspanhalter aus Ton in Form plumper Lehmköpfe mit offenem Maul nannte man **»Maulaffen«** nach ihrer mittelhochdeutschen Bezeichnung *mûl ape*, also »Maul offen«. In deren Maul steckte man ein Brettchen mit Loch und in das Loch den Kienspan.

Wer faul, neugierig, dümmlich staunend mit offenem Mund herumstand und damit dem Maulaffen ähnelte, dem unterstellte man spöttisch, er sei Ware und Verkäufer zugleich. Feilhalten ist ja ein altes Wort für »zum Kauf anbieten«.

nicht auf den Mund gefallen sein

Bedeutung: redegewandt, schlagfertig sein

Hintergrund: Wer auf den Mund gefallen ist, legt oft die Hand auf die schmerzende Körperregion. Er hält ihn also. Das Gegenteil kann mit seiner ironischen Untertreibung rhetorisches Talent beschreiben.

sich den Mund fransig/fusselig reden

Bedeutung: fruchtlos/lästig immer wieder ermahnen

Hintergrund: Mit einem Stoff, der durch häufigen Gebrauch fransig oder fusselig wird, vergleicht die Redensart den durch häufiges Mahnen gleichsam zerschlissenen Mund. Die Bedeutung unterscheidet sich je nach Perspektive. Wer sich zu Unrecht getadelt fühlt, sagt: **»Und wenn du dir den Mund fusselig redest – ich mache es trotzdem!«** Der sich im Recht fühlende Tadelnde dagegen sagt: **»Man kann sich den Mund fransig reden – er macht es trotzdem!«**

sich das Maul / die Mäuler über jemanden zerreißen

Bedeutung: über jemanden lästern, missgünstig klatschen und tratschen

Hintergrund: Hier geht es um die intensive Bosheit, mit der über Abwesende gelästert wird. Man lästert so heftig, dass beim Maulaufreißen – bildlich gesprochen – der Mund einreißt.

ein loses/freches Maul bzw. Mundwerk haben

Bedeutung: frech sein, lästern

Hintergrund: Während der höfliche und kluge Mensch seinen Mund wie ein gut geführtes Pferd im Zaum hält, lässt ihm ein Lästerer die Zügel schießen und freien Lauf. »Lose« heißt in diesem Zusammenhang nach einer schon althochdeutschen Bedeutung »leichtfertig, nichtsnutzig«.

jemandem das Maul stopfen, Mäuler zu stopfen haben

Bedeutung: jemanden zum Schweigen bringen; für die Ernährung anderer sorgen / verantwortlich sein

Hintergrund: Schon im 16. Jahrhundert verwendete man **»den Mund / das Maul stopfen«** in beiden Bedeutungen. In gewisser Weise ging es dabei ums Abdichten, denn »stopfen« entwickelte sich aus dem mittellateinischen Wort *stuppare* für »mit Werg verstopfen«, wobei auch »Werg«, also »Putzwolle«, selbst lateinisch *stuppa* hieß.

Da das Zeigen auf den offenen Mund ein wohlbekanntes Zeichen für Hunger ist, lag es nahe, das Essengeben als ein Stopfen des Mundes oder Mauls zu sehen. Martin Luther sagte: »Der muss viel Brei haben, der alle Mäuler stopfen will.« Bei ihm findet man auch die zweite Bedeutung: »Denn dem Teufel ist nicht möglich, das Maul zu stopfen ...« Er kann also den Redefluss durch Abdichtung nicht verhindern.

Waren die Redensarten damals auch neutral zu verwenden, gehören sie heute klar der Umgangssprache an.

jemandem Honig ums Maul / um den Mund schmieren

Bedeutung: jemandem schmeicheln, oft, um ihn zu täuschen

Hintergrund: Die Redensart setzt Honigsüße mit freundlichen, schmeichelnden Worten gleich. Schon im hohen Mittelalter nannte man Bernhard von Clairvaux wegen seiner Redegabe – ausschließlich lobend – »pater mellifluus«, also »Pater honigfließend«. Zur gleichen Zeit warf man Schmeichlern vor, ihre süßen Worte taktisch und manipulativ einzusetzen. Man verglich sie mit Ärzten, die ihren Patienten – gerade Kindern – mit einem Trick bittere Pillen verabreichten, indem sie ihnen zuerst **»Honig um den Mund schmierten«**. Schleckte der Patient danach, schob der Arzt die bittere Pille in den geöffneten Mund.

von Mund zu Mund gehen, in aller Munde sein, Mund-zu-Mund-Propaganda

Bedeutung: sehr rasch bekannt werden; bekannt sein; mündliche bzw. persönliche Werbung

Hintergrund: »Ein kleines Liedchen geht von Mund zu Mund« heißt es im Schlager »Bel Ami« von 1939. Es belegt, wie populär die Wendung über die Popularität ist; dabei hat sie schon an die 800 Jahre auf dem Buckel. Wenn etwas Besonderes passiert oder jemand etwas Bemerkenswertes getan hat, sagt es einer mit seinem Mund dem anderen weiter, dessen Mund es wiederum verbreitet.

Eine berühmte, viel besprochene Persönlichkeit ist so mit ihrem Namen im Wortsinne **»in aller Munde«**. Teils bis ins 20. Jahrhundert hatte diese Redensart eine negative Bedeutung und bezog sich besonders auf Gerüchte, die sich verbreiteten.

Die **»Mund-zu-Mund-Propaganda«** schließlich beruht auf der Tatsache, dass eine persönliche Empfehlung oft als besonders vertrauenswürdig gilt. So empfehlen Werbestrategen sie oft, statt auf teure Kampagnen im Fernsehen, im Internet oder auf Plakatwänden zu setzen.

aus berufenem Mund

Bedeutung: aus verlässlicher Quelle

Hintergrund: Wer gern gerufen wird, hat einen guten Ruf und gilt deshalb als »berufen« im Sinn von »geachtet«, »bedeutend« und dann auch »verlässlich«, liest man als Erklärung im Grimm'schen Wörterbuch. Die Redensart steht also für eine Aussage aus dem Mund eines Verlässlichen.

Kein Blatt vor den Mund nehmen

Bedeutung: in aller Deutlichkeit, ohne Rücksichtnahme sprechen

Hintergrund: Zwei Erklärungen zusammen ergeben wohl erst die Wahrheit über diese Redensart, die es schon im Hochmittelalter gab. So konnte »Blatt« für »Weinblatt« und den Wein schlechthin stehen, der die Zunge löst. Beim Sprichwortexperten Sebastian Franck heißt es 1541: »Der wein nimpt keyn blat für das maul.« Außerdem milderte man im Theater seit der frühen Neuzeit scharfe, ordinäre, böse Ausdrücke ab, indem man sie durch ein vor den Mund gehaltenes Blatt sprach.

einen Flunsch / ein schiefes Maul ziehen

Bedeutung: ein enttäuschtes, beleidigtes, mürrisches Gesicht machen; schmollen

Hintergrund: Aus dem alten Wort »flinsen« für »stark gebogen« entwickelten sich Ausdrücke wie »Fluns« und »Flunsch« für den wegen negativer Empfindungen stark verzogenen Mund. Oft verwendet man die Redensart ironisch oder aufmunternd in der Verneinung: **»Nun zieh mal nicht so 'n Flunsch/schiefes Maul!«**

jemandem den Mund wässrig machen, das Wasser läuft jemandem im Mund zusammen

Bedeutung: jemandem Lust auf etwas machen; jemand bekommt/hat Appetit

Hintergrund: Appetit zeigt sich durch unwillkürlichen Speichelfluss. Seit vielen hundert Jahren verwendet man die Redensart im übertragenen Sinne von **»Lust auf etwas machen«**. Ähnlich heißt es, **»jemandem etwas schmackhaft machen«**.

jemandem über den Mund fahren

Bedeutung: jemanden derb, oft widersprechend unterbrechen

Hintergrund: »Fahren« bezeichnete ursprünglich allerlei schnelle und heftige Bewegungen, man muss nur an **»aus der Haut fahren«** denken. Wer einen anderen heftig und kritisch unterbricht, der fährt mit Worten dem anderen frech über den Mund, welcher hier für das Sprechen steht. Er schneidet ihm damit gleichsam das Wort ab.

jemandem nach dem Mund reden

Bedeutung: jemandem schmeichlerisch oder unterwürfig in allem zustimmen; ganz in seinem Sinn reden

Hintergrund: »Mund« kann auch für »Rede« stehen und deren Inhalt. So bezeichnet die Redensart einen, der sich opportunistisch den Aussagen eines anderen anschließt, ja in deren Sinn selbst spricht. Das kann freilich auch aus Rücksichtnahme geschehen.

sich den Mund verbrennen

Bedeutung: mit unvorsichtigen Worten schlechten Eindruck machen

Hintergrund: »Es wird nicht so heiß gegessen, wie es gekocht wird« heißt es, aber manchmal isst man doch voreilig und verbrennt sich Lippen, Zunge und Schlund. Auf diese Erfahrung bezieht sich die schon bei Martin Luther beliebte Redensart. Ein wenig kompliziert verbindet sie die Äußerung unbedachter Worte mit dem Verbrennen an heißer Speise. Freilich gibt es allerlei Redensarten wie »ein heißes Eisen anfassen«, die heikle Themen mit Hitze verbinden.

jemandem die Fresse polieren

Bedeutung: jemanden derb ins Gesicht schlagen

Hintergrund: Die »Fresse« hat ihren Namen vom Verb »fressen«, das man üblicherweise im Zusammenhang mit Tieren verwendet. Daher ist schon »Fresse« beleidigend. Das mehrfache Schlagen in dieselbe vergleicht die vulgärsprachliche Redensart mit dem »Polieren«, bei dem man immer wieder in kreisenden Bewegungen über einen Gegenstand fährt, der glänzen soll.

jemanden mundtot machen

Bedeutung: jemanden zum Schweigen bringen

Hintergrund: Eigentlich gehört die Redensart gar nicht hierher, bezieht sie sich doch auf das seit dem 17. Jahrhundert gebräuchliche juristische Fachwort **»Munt/Mund«**, das in Wörtern wie **»Vormund«, »mündig«** und **»Mündel«** weiterlebt. Es konnte »Hand, Schutz, Sicherheit« bedeuten; das Mündel bedurfte nämlich des Schutzes seines Vormunds. Es war im juristischen Sinn **»mundtot«**, also »kein souveränes Rechtssubjekt«. Außerhalb des juristischen Sprachgebrauchs verstand man die Redewendung freilich schon im 18. Jahrhundert scherzhaft und direkt, als werde jemandem der Mund totgeschlagen.

jemandem die Zunge lösen

Bedeutung: jemanden zum Sprechen bringen

Hintergrund: Bis um 1900 durchschnitten Hebammen mit Schere, Messerchen oder dem scharfen Fingernagel bei Neugeborenen oft das Zungenbändchen, das die Zunge mit dem Zungengrund verbindet. Diesen symbolischen Akt nannte man das **»Lösen der Zunge«**. Das Lösen der Zunge unter Segenssprüchen sollte ihrem Gebrauch die richtige Richtung geben.

jemandem liegt etwas auf der Zunge, etwas nicht über die Zunge / die Lippen bringen können

Bedeutung: etwas wird nicht ausgesprochen, weil es einem gerade nicht einfällt oder weil man es für klüger hält zu schweigen

Hintergrund: Das Sprechen stellten sich Philosophen seit der Antike als einen Prozess vor, an dessen Beginn der Einfall oder das Wissen steht, dem die Verarbeitung desselben folgt, die innere Formulierung, schließlich die Artikulation durch Kehlkopf, Zunge und Lippen, wobei gerade die Zunge als eine Art Hindernis und Schwelle oder als eine Art Katapult gesehen wurde. Liegt das Wort auf der Zunge, fehlt also kaum mehr etwas zur Äußerung. Ist einem aber etwas sehr unangenehm, ein Wort oder Name fällt einem nicht ein oder man will Rücksicht nehmen, kommt das Wort nicht über die Schwelle der Zunge oder der Lippen.

eine spitze/freche/lose Zunge haben

Bedeutung: rücksichtslos, lästerlich reden

Hintergrund: Als Sprechwerkzeug schreibt man der Zunge bestimmte Eigenschaften je nach Inhalt oder Tonfall der Rede zu. Bei einem, der immerzu herumstichelt, sagt man, dass sie **»spitz«** sei, bei einem, der sie nicht im Zaum hält, dass sie **»locker«**, also lose sei, was früher »locker« und »frech« hieß.

In fremden Zungen reden/sprechen, in Zungen reden / Zungenrede

Bedeutung: in einer fremden Sprache, auch unverständlich sprechen; vom Heiligen Geist beseelt sprechen, unverständlich sprechen

Hintergrund: »Zunge« kann auch Rede, Redeweise, ja sogar eine Sprache bezeichnen, wie die altmodische Redensart **»in fremden Zungen sprechen«** belegt.

Im Neuen Testament kommt mehrfach ein Phänomen besonderen Sprechens vor, das von Luther und anderen mit **»in Zungen reden«** übersetzt wurde. Dabei geht es um eine vom Heiligen Geist beseelte Art zu sprechen, die für den Sprecher und die Zuhörer durchweg unverständlich ist. Schon beim Apostel Paulus finden sich kritische Relativierungen ihr gegenüber. Und heute? Während manche christlichen Gemeinschaften die Zungenrede als rein historisches Phänomen biblischer Zeit ansehen, praktizieren sie andere, während sie Dritte kritisieren. Außerhalb der religiösen Sphäre bezeichnet die Redewendung oft einfach spöttisch »unverständliches Sprechen.

mit gespaltener Zunge sprechen

Bedeutung: lügen, täuschend zweideutig sprechen

Hintergrund: »Bleichgesicht sprechen mit gespaltener Zunge«, so las und hörte man es in zahllosen Büchern und Filmen, die im »Wilden Westen« spielen. Tatsächlich verwendeten zahlreiche Stämme der Great Plains und anderswo die Redensart, und Reiseberichte wie Abenteuerliteratur machten sie weltweit populär. Dabei gab es schon seit der Antike ähnliche Ausdrücke. Sie gingen – wie der Indianerausdruck – zurück auf die Schlange mit ihrer gespaltenen Zunge, die für Listigkeit, Täuschung und Falschheit stand, auch und gerade im Christentum.

sich etwas auf der Zunge zergehen lassen

Bedeutung: etwas intensiv schmecken und genießen

Hintergrund: Traditionell gilt Zartheit bei einigen Speisen als besonderes Qualitätsmerkmal, vor allem bei Fleisch. Und das lobt man mit dem immergleichen Topos: **»Das zergeht auf der Zunge«**. Es schmilzt also geradezu und kann deshalb besonders intensiv genossen werden. Das übertrug man auf Worte, deren Geschmack man gleichsam beim Sprechen intensiv nachspürt. Die Redensart kann sich aber auch auf unerhörte Worte, dazu auf empörende oder beglückende Sachverhalte beziehen, die man anderen mitteilt und sie dabei auffordert, sie genau zu bedenken: **»Lass dir das mal auf der Zunge zergehen!«**

sich auf die Zunge beißen, sich eher die Zunge abbeißen

Bedeutung: etwas auf keinen Fall sagen wollen

Hintergrund: Der Zunge attestieren viele Kulturen ein – durchaus gefährliches – Eigenleben. So heißt es bei der Volksgruppe der Haussa in Afrika: **»Es ist die Zunge, die einem die Kehle durchschneidet.«** Und im Iran: **»Die rote Zunge gibt den grünen Kopf dem Wind preis.«** Dementsprechend beschreibt die Redensart eine drastische Behinderung bzw. Maßregelung der eigenwillig gefährlichen Zunge. Zuweilen hört man auch die Variante für Reue über Gesagtes: **»Ich könnt mir auf die Zunge beißen!«**

eine dicke Lippe riskieren

Bedeutung: jemanden stark provozieren

Hintergrund: Der vulgärsprachliche Ausdruck wird häufig als Drohung geäußert: **»Du willst wohl 'ne dicke Lippe riskieren!«** Klar, wer provoziert, riskiert Schläge aufs Maul und infolgedessen geschwollen dicke Lippen. Als die Redensart im 19. Jahrhundert aufkam, sagte man auch **»eine große Lippe riskieren«**, was auf das Großsprecherische bezogen war.

bloß ein Lippenbekenntnis sein

Bedeutung: Aussage, die nicht der inneren Einstellung entspricht

Hintergrund: Das Wort »Bekenntnis« hat eine sehr emphatische Bedeutung, wie sie in »Glaubensbekenntnis« deutlich wird. Ohne Überzeugung gesprochen, ist es nichts wert. Im 19. Jahrhundert gab es das gleichbedeutende Wort »Mundglaube«, mit dem sogenannte Maulchristen verspottet wurden, die nur den Worten nach Christen waren.

jemandes Lippen sind versiegelt

Bedeutung: jemand verrät todsicher nichts

Hintergrund: Seit der Antike »versiegelt« man Schriftstücke. Einerseits dient das Aufdrücken eines persönlichen Siegels als Beglaubigung des Absenders, andererseits als eine Sicherheit für den Adressaten, der bei einem intakten Siegel weiß, dass die Nachricht noch niemand gelesen hat. So bekräftigt man mit der Redensart, dass die Lippen sicher verschlossen sind, Geheimnisse dementsprechend sicher.

Plutarch berichtet, dass Alexander der Große seinem Vertrauten Hephaistion tatsächlich einmal seinen Siegelring an die Lippen hielt, um sich seiner Verschwiegenheit zu versichern.

an jemandes Lippen hängen, jemandem jeden Wunsch von den Lippen ablesen

Bedeutung: jemandem begierig, sehr aufmerksam zuhören; alle Wünsche eines oder einer anderen erfüllen

Hintergrund: Früher gab es auch den poetischen Ausdruck **»jemandem die Worte von den Lippen pflücken«**. Ähnlich bildstark beschreibt die Redensart, dass jemand mit seinen Blicken an den Lippen des anderen hängt, damit ihm kein Wort entgeht. Er liest ihm damit gleichsam jedes Wort von den Lippen ab. Eine Steigerung liegt vor, wenn jemand Wünsche schon erfüllt, während sie die Lippen gerade erst artikulieren und sie noch gar nicht geäußert wurden.

DIE ZÄHNE

Sie überdauern uns am längsten, wie man an Zähnen unserer vormenschlichen Vorfahren und denen von Fossilien sieht. 40 Millionen Jahre sind da ein Klacks! Und doch kann sie Karies in kurzer Zeit zerfressen, was ihre Empfindlichkeit beweist. Zahnschmerzen sind dabei so intensiv und schwer ertragbar, dass man dafür zahlreiche sprichwörtliche Redensarten erfand, beispielsweise: **»An kleinem Zahnweh merkt man frey, wie elend unser Leben sey«** oder **»Zahnschmerz geht über Weltschmerz«** und schließlich mit bösem Spott der Kritiker und Heine-Zeitgenosse Ludwig Börne: »... freilich, das Kopfabhauen heilt die Zahnschmerzen.«

Unentbehrlich zum Essen, können sie im Notfall auch im Kampf kraftvoll zubeißen. So gelten die Kauwerkzeuge kurioserweise sowohl als Symbol für Härte als auch für Empfindlichkeit, für Vergänglichkeit und Dauer, für Männlichkeit und für Wehleidigkeit. Wer keine mehr besitzt, gilt als lächerlich und wehrlos; wer sie entblößt, als aggressiv und böse.

Weil schon immer Speisereste in ihnen hängen blieben, entwickelten bereits Menschen im Zweistromland vor gut 5000 Jahren Vorläufer der Zahnbürste und sprachen beim Putzen mit breitgekauten Stäbchen sogar Gebete, um sich doppelt vor üblen Folgen wie Mundgeruch und Zahnschmerzen zu schützen. Unseren modernen Zahnbürsten ähnelnde Instrumente erfanden Chinesen vor etwa 500 Jahren, wobei sie Wildschweinborsten an Bambusstäben befestigten.

Der Vergleich mit Tieren, die ungleich größere und ganz anders geformte Zähne besitzen, bot sich an, um deren Eigenschaften Menschen zuzuschreiben.

Haare auf den Zähnen haben siehe Die Haare, S. 30

jemandem die Zähne zeigen

Bedeutung: jemandem entschieden bzw. aggressiv gegenübertreten, sich wehren

Hintergrund: Hier vergleicht man Menschen mit Hunden und anderen Raubtieren, die als Zeichen der Abschreckung und Bereitschaft zum Kampf die Zähne zeigen. So drückt die Redensart Entschlossenheit, Wehrhaftigkeit und Aggressivität aus.

jemandem die Zähne lang machen, mit langen Zähnen essen

Bedeutungen: jemanden Lust/Appetit auf etwas machen; mit Ekel oder Widerwillen essen

Hintergrund: Der Appetit auf eine Speise bewirkt nicht selten eine unwillkürliche Öffnung des Mundes. Je mehr man ihn öffnet, desto länger erscheinen die Zähne, was den Grad der Esslust anzuzeigen scheint. In diesem Sinne verwendete man den Ausdruck schon im 17. Jahrhundert. Freilich kann das Heben der Lippen und das Entblößen der Zähne auch aus Ekel geschehen.

jemandem auf den Zahn fühlen

Bedeutung: jemanden prüfen, ausfragen

Hintergrund: Seit alter Zeit und bis heute ist die Vitalitätsprüfung eines Zahns, genauer seines Nervs, übliche Praxis. Mit verschiedenen Techniken prüft der Zahnarzt die Qualität des Zahns und seines Nervs und trifft auf verborgene Wahrheiten.

jemandem den Zahn ziehen

Bedeutung: jemanden ernüchtern; ihm klarmachen, dass er etwas nicht bekommen oder durchsetzen kann

Hintergrund: Beim Ziehen des Zahns sieht man erst, wie stark und tief er im Kiefer verwurzelt ist. Das vergleicht man mit unrealistischen oder schädlichen, dabei ähnlich stark und tief verwurzelten Wünschen, Vorstellungen etc., die man, so schmerzlich es ist, entfernen muss.

die Zähne zusammenbeißen

Bedeutung: Unangenehmes oder Schweres aller Art ertragen, tapfer oder stark sein

Hintergrund: Die Beobachtung, dass Menschen unter schwerer körperlicher oder seelischer Belastung unwillkürlich **»die Zähne zusammenbeißen«** und damit die Körperspannung erhöhen, führte zur Redensart. Wichtig war außerdem die Bibelübersetzung Luthers, der Psalm 37, 12 so formulierte: **»Der Gottlose droht dem Gerechten und beißt seine Zähne zusammen über ihn.«** Die Bedeutung war allerdings eine andere, nämlich die eines wütenden Zähneknirschens.

etwas zähneknirschend hinnehmen/tun

Bedeutung: etwas gegen seinen Willen oder seine Überzeugung akzeptieren oder tun müssen

Hintergrund: Das »Zähneknirschen«, ob bewusst oder unbewusst, zeigte schon in der Antike Widerwillen und unterdrückte Aggressivität, besonders der Machtlosen, an. In diesem Sinne kommt es in den Evangelien von Matthäus und Lukas in der Bibel vor, wo man über das **»Heulen und Knirschen der Zähne«** der Verdammten lesen kann, was Luther mit **»Heulen und Zähneklappern«** übrigens nicht zutreffend übersetzte, geht es hier doch nicht um Anzeichen der Angst, sondern um maßlose Enttäuschung und aggressiv-machtloses Aufbegehren.

einen Zahn zulegen, einen Zahn/Affenzahn draufhaben

Bedeutung: schneller fahren; sehr schnell fahren

Hintergrund: Die Redewendung **»einen Zahn zulegen«** bezieht sich nicht auf biologische, sondern technische Zähne von Zahnrädern. Die populäre Erklärung, sie beziehe sich auf Zahnstangenhalterungen für Töpfe, »Kräuel« genannt, ist schlicht falsch. Vielmehr hat sie mit der Industrialisierung und dem Vormarsch der Maschinen zu tun. Laien stellten sich vor, dass ein Zahn mehr an einem Zahnrad auch mehr Vortrieb erzeugte. Lokomotiven besaßen außerdem einen Hebel für die Regulierung des Dampfdrucks, der in einen Halbzahnkranz im Boden einrastete. Wenn man hier einen Zahn zulegte, nahm der Dampfdruck zu und damit auch die Geschwindigkeit. Ähnlich funktionierten später Handgashebel mancher Automobile.

Die Erweiterung der Tempo-Redensart durch den Affen lag auf der Hand, da er als »teuflisches Tier« seit je in negativer Weise mit Geschwin-

Der Mensch als Maschine – Sprichwörtliches zu Körper und Technik

ein gut geöltes Mundwerk haben = ein Schwätzer sein

mit Volldampf etwas tun = etwas mit allen Kräften tun

Dampf ablassen = seinem Ärger Luft machen

jemandem Dampf machen = jemanden antreiben

abdampfen = sich entfernen

jemandem raucht der Kopf = jemand denkt angestrengt nach

schauen wie ein Auto = vor Erstaunen scheinwerfergroße Augen machen

zwischen ihnen hat es gefunkt = sie sind verliebt

der Funke ist übergesprungen = die Begeisterung hat sich übertragen

bei jemandem ist der Groschen gefallen = jemand hat etwas kapiert

eine Kurzschlusshandlung begehen = im Affekt, ohne Nachdenken handeln

bei jemandem brennen die Sicherungen durch = jemand verliert die Selbstbeherrschung

eine lange Leitung haben = schwer von Begriff sein

unter Strom/Hochspannung stehen = angespannt, sehr gestresst sein

in Fahrt sein/kommen = in gute Stimmung / in Schwung geraten; erregt, auch böse werden

auf Touren/Hochtouren sein/kommen = in Schwung kommen, sehr aktiv sein

auf 100/120/180 sein = sich sehr ärgern

eine Schraube locker haben = geistig minderbemittelt sein

total durchgedreht sein / durchdrehen = verrückt sein/werden

einen Zahn zulegen, einen Zahn/Affenzahn draufhaben = schneller werden, schnell sein

digkeit und Hektik in Verbindung gebracht wurde, worauf der Ausdruck **»mit affenartiger Geschwindigkeit«** hinweist.

etwas reicht höchstens/nur für 'n hohlen Zahn

Bedeutung: etwas ist lächerlich wenig – vor allem Essen und Trinken betreffend

Hintergrund: Vor Beginn der modernen Zahnmedizin im 19. Jahrhundert und noch lange danach waren hohle Zähne geradezu alltäglich. Da viele sie im Mund hatten, eignete sich ihr winziger Hohlraum ideal als lustig übertriebene Angabe für geringe Mengen von Essen, dann auch allgemein für etwas, das lächerlich wenig ist.

der Zahn der Zeit

Bedeutung: Verfall durch Zeit

Hintergrund: Bereits die alten Griechen personifizierten die Zeit in ihrem Gott Chronos, dessen Name bis heute in Zeitmessgeräten wie Chronometern präsent ist. Ebenso alt ist die Erfahrung, dass durch das pure Vergehen von Zeit alles langsam, aber sicher vernichtet wird, etwa durch Erosionsprozesse, deren Spuren, beispielsweise bei Tempeln und Skulpturen, immer wieder denen von Zähnen ähneln. So schrieb Simonides, der 468 vor Christus starb, von der »scharfzahnigen Zeit« – eine Formulierung, die oft aufgenommen und variiert wurde, so gleich zweimal von Ovid in den »Metamorphosen«, am wirkungsvollsten aber von William Shakespeare, der in seiner Komödie »Maß für Maß« wörtlich vom **»tooth of time«** schreibt.

bis an die Zähne bewaffnet sein, sich mit Zähnen und Klauen verteidigen/wehren

Bedeutung: schwer bewaffnet sein; sich mit großer Hartnäckigkeit und unerbittlich widersetzen

Hintergrund: Bei der ersten Redensart stehen die Zähne einerseits – wie üblich – für Wehrhaftigkeit, andererseits symbolisch für den Kopf und damit das obere Ende des Körpers. So bedeutet der Ausdruck, bis ans Äußerste bewaffnet zu sein. Die zweite Redensart verdankt sich der

Erfahrung von Jägern, dass angegriffene Tiere, speziell Raubtiere, in bedrängter Situation nicht nur um sich beißen, sondern auch kräftig kratzen, also alles zur Verteidigung aufbieten.

auf dem Zahnfleisch gehen/daherkommen

Bedeutung: finanziell am Ende bzw. schwer erschöpft/krank sein

Hintergrund: Das gesunde, stark durchblutete Zahnfleisch dient hier genauso wie das krankhaft blutende als Vergleich mit blutig gelaufenen Füßen. Diese wiederum führt man auf die Armut zurück und auf die vielen vergeblichen Wege, die einer geht, um Hilfe und Unterstützung zu bekommen.

sich die Zähne an etwas ausbeißen, auf Granit beißen

Bedeutung: bei etwas trotz sehr intensiver Bemühungen erfolglos bleiben; auf unüberwindlichen Widerstand stoßen

Hintergrund: Sehr traditionell ist die Vorstellung, dass Aufgaben etwas sind, an dem man **»zu knabbern hat«**. Besonders beliebt ist der Vergleich eines schwer lösbaren Problems mit einer Nuss, weshalb man auch sagt: **»Ich konnte die Aufgabe nicht knacken.«** Tatsächlich versucht man bis heute, Nüsse mit den Zähnen zu knacken, wobei es vorkommen kann, dass man sich die Zähne dabei ausbeißt.

Vollkommen aussichtslos ist das Beißen auf das als besonders hart geltende Gestein Granit.

ein steiler Zahn

Bedeutung: eine hübsche, begehrenswerte Frau

Hintergrund: Die Redensart hält sich als Überbleibsel der Jugendsprache aus den 1950er-Jahren, als man hübsche Mädchen oder die Freundin eines Jugendlichen als »Zahn« bezeichnete. Vielleicht geht der Ausdruck auch auf das jiddische Wort »sona« für »Dirne« zurück, aber das ist nicht gesichert. Man sagte **»abgelaufener Zahn«** für ein verlassenes, **»nasser Zahn«** für ein unerfahrenes Mädchen, für ein hübsches, sehr anziehendes **»dufter, flotter, leckerer, satter, scharfer, spitzer, süßer, toller Zahn«.**

Dass sich gerade der **»steile Zahn«** bis heute hält, hat einerseits mit dem erfolgreichen Lied gleichen Titels von Texter Kurt Schwabach zu tun, der das englische Original »Nag« für »Nervensäge« so übersetzte, andererseits mit bekannten Gebäuden, die so genannt wurden – beispielsweise das heutige City-Hochhaus in Leipzig.

Au Backe!

Bedeutung: Ausdruck einer unangenehmen Überraschung!

Hintergrund: Der Schmerzlaut »Au!« ist seit mindestens 1000 Jahren schriftlich überliefert und wurde immer wieder neu ergänzt, vor allem mit »weh« oder »weia«. Die Erweiterung zur Redensart führt man auf den Schmerzruf bei intensiven Backenzahn-Schmerzen oder durch eine unerwartete Backpfeife zurück. Das übertrug man auf eine plötzliche schmerzliche Überraschung. Dass »Backe« auf das derbere »Arschbacke« hinweist, ist zumindest denkbar.

DER BART

In den letzten 15 Jahren hat die Zahl der Vollbartträger im Westen markant zugenommen, was wieder einmal beweist, wie stark die Gesichtsbehaarung des Mannes Moden folgt. Entsprechend stark veränderte sich mit ihnen das Image des Bartes, was sich in sprichwörtlichen Redensarten niederschlug. Symbolhaft kann er für Stärke, Männlichkeit, Weisheit, aber auch für Vergreisung und Ältlichkeit, für Lächerlichkeit, Ungepflegtheit und Nachlässigkeit stehen.

Berühmte Bartträger bestimmen bis heute zusätzlich die Beurteilung von Barttrachten oder des Bartes überhaupt, ob man an den Hohenstaufen-Kaiser Friedrich I., genannt »Barbarossa«, also »Rotbart« denkt, an den Propheten Mohammed, bei dessen Bart man schwört, oder an Charlie Chaplin, der einmal meinte, Hitler habe ihm seinen Bart gestohlen. Diesen Bart nennt man im englischsprachigen Raum übrigens zungenbrecherisch *toothbrush moustache*, also »Zahnbürstenschnurrbart«.

Der Bart ist ab! Jetzt ist der Bart (aber) ab!

Bedeutung: Es ist vorbei! Die Sache ist gescheitert. Schluss jetzt! Jetzt ist es genug!

Hintergrund: Recht gut gesichert ist, dass der ärgerliche Ausruf gegen Ende des 19. Jahrhunderts aufkam, doch sehr unsicher ist seine Erklärung. Es könnte einen Zusammenhang mit dem Dreikaiserjahr 1888 geben, in dem der stark bebartete Wilhelm I. starb, vom vollbärtigen Friedrich III. gefolgt, der nach 99 Tagen starb, sodass Wilhelm II. Kaiser wurde, der lediglich einen Schnauzer mit aufragenden Enden trug. Eine andere Erklärung wäre der »Schlüsselbart« – ist er ab, kann man mit dem Rest nichts mehr anfangen. Ein Zusammenhang mit der Redensart **»alte Zöpfe abschneiden«** ist ebenfalls denkbar.

jemandem um den Bart gehen

Bedeutung: jemandem schmeicheln, ihn zu etwas verführen wollen

Hintergrund: Die Redensart ist eine Verkürzung von **»mit der Hand um den Bart gehen«** und bezieht sich auf eine antike Schmeichelgeste, die schon bei Homer vorkommt. Sie wird in der Antike immer nur von Frauen ausgeführt. In Deutschland findet man die Redensart etwa ab 1400.

um des Kaisers Bart streiten

Bedeutung: um Nichtiges, Lächerliches streiten

Hintergrund: In der römischen Antike gab es für dümmliche Rechthaberei die Redensart **»um Ziegenwolle streiten«**. Sie bezog sich auf den müßigen Streit darüber, ob man außer Schafshaar auch Ziegenhaar als Wolle bezeichnen dürfe. Sie ist bis heute in Italien sowie England zu hören und wurde im hohen Mittelalter auch in Deutschland für zwei, drei Jahrhunderte üblich.

Der »Streit um Geißenhaar« könnte hierzulande über das ähnlich klingende »Streit um des Kaisers Haar« zu dem »um des Kaisers Bart« geführt haben. Tatsächlich gab es vor einem halben Jahrtausend allerlei gelehrte Dispute darüber, ob bestimmte römische bzw. deutsche Kaiser einen Bart trugen oder nicht: ein wahrlich unerheblicher Streit.

einen / so 'nen Bart haben

Bedeutung: etwas ist altbekannt und damit reizlos

Herkunft: Der Bart steht bereits in der Bibel und in antiken Mythen für das Alter. Die Redewendung kam gleichwohl in Deutschland – besonders alte Witze kommentierend – erst in der ersten Hälfte des 20. Jahrhunderts auf, als der Vollbart für einige Zeit aus der Mode gekommen war.

Ein Bart macht noch keinen Philosophen.

Bedeutung: Äußere Zeichen beweisen noch keine Weisheit.

Hintergrund: Nachdem die Makedonier unter Alexander dem Großen die Herrschaft über Griechenland und weite Teile des Vorderen Orients übernommen hatten, veränderte sich in den griechischen Stadtstaaten die Barttracht komplett. Das Rasieren wurde allgemein Mode, und Vollbart trugen fast nur noch die Philosophen. Dieses Erkennungszeichen hielt sich auch im Römischen Reich, wo der Ursprung des Sprichworts liegt. Der römische Schriftsteller Aulus Gellius berichtet in seinen »Noctes Atticae« vom Exkonsul Herodes Atticus. Dieser antwortete einem dreisten Bettler, der mit der Begründung Geld verlangte, er sei ja sichtlich Philosoph: »Ich sehe einen Bart und einen Mantel, den Philosophen sehe ich nicht.« Das verkürzte sich in der Frühen Neuzeit zur heute noch üblichen Form.

Beim Barte des Propheten!

Bedeutung: Genauso ist es!

Hintergrund: Die oft heiter gebrauchte Beteuerungsformel machten Übersetzungen orientalischer Geschichten aus »1001 Nacht« und im Orient spielende Werke von Autoren wie Karl May in Deutschland im 19. Jahrhundert populär. Dass es den Schwur beim Bart auch bei uns schon im hohen Mittelalter gegeben hatte, war in Vergessenheit geraten. Während wir den orientalischen Schwur fraglos auf Mohammed beziehen, bezogen ihn Muslime auch auf den von ihnen als den bedeutendsten Propheten verehrten Moses (Musa).

det. Möglicherweise entstand die Redensart aus älteren Varianten wie **»über ars und kopf bürzlen«** (Johann Fischart) oder einfach **»Arsch über Kopf«**, die »Purzelbaum schlagen« bedeuten.

Hals- und Beinbruch!

Bedeutung: Viel Glück!

Hintergrund: Häufig liest man, die Redensart habe sich aus der jiddischen Formel »hazlóche un bróche« für »Erfolg/Glück und Segen« herausgebildet. Nicht nur Jiddisch-Experten halten das für falsch, denn aus dem unter Juden durchaus häufigen Segenswunsch »Halsbruch« herauszuhören, erscheint sehr unwahrscheinlich. Wozu auch der Umweg? **»Das ist kein Beinbruch!«** und **»Du wirst dir noch den Hals brechen!«** waren längst im Deutschen etabliert, ebenso die Idee, durch negative Wünsche Positives zu bewirken – man denke nur an gute Wünsche wie das englische **»Break a leg!«** oder an den Seglerausdruck **»Mast- und Schotbruch!«**. Dahinter steckt der alte, international verbreitete Aberglaube an neidische Schicksalsmächte, die positive Wünsche ins Gegenteil verkehren könnten.

etwas bricht einem das Genick / den Hals, etwas kostet den Hals, jemandem an den Hals / den Kragen gehen

Bedeutung: etwas ruiniert einen, lässt einen scheitern, beendet die Laufbahn, bedroht einen ernstlich etc.

Hintergrund: In allen Fällen geht es um unterschiedliche Todesstrafen wie Köpfen oder Rädern, die mit Genickbrechen einhergehen und das Ende eines Menschen bedeuten. Sie konnten daher auch auf seine Pläne, seine Laufbahn etc. bezogen werden.

ein Halsabschneider sein

Bedeutung: betrügerisch hohe Preise/Zinsen verlangen, ein Wucherer sein

Hintergrund: Heute wirkt die Redensart übertrieben brutal, dabei bedeutet sie nicht, dass jemandem der Kopf abgeschnitten würde. Vielmehr hieß **»jemandem die Luft / den Hals abschneiden«** »ihn würgen«, und genau dieses gewalttätige Bild verwendete man für Menschen, die anderen durch bedrückende Auflagen aller Art geradezu **»die Luft zum Atmen/Leben«** nahmen.

jemandem den Hals umdrehen

Bedeutung: jemanden töten – meist als derbe oder ironische Drohung gebraucht

Hintergrund: Im Alltag schlachtete man Hühner bis weit ins 20. Jahrhundert oft selbst. Dabei tötete man die Tiere entweder durch Kopfabhacken oder rasches Genickbrechen durch Halsumdrehen. In Märchen und Sagen schreibt man dem Teufel oder Geistern wie Rübezahl die Fähigkeit zu, dasselbe bei Menschen zu tun. Heute ist die Redensart eine bloße, nicht selten ironische Drohung.

etwas bleibt einem im Hals stecken, einen Frosch/Kloß im Hals haben

Bedeutung: etwas kann nicht geäußert werden; eine belegte oder heisere Stimme sowie Sprechprobleme aus physischen oder psychischen Gründen haben

Herkunft: Besonders häufig ist es das Lachen, das einem **»im Halse steckenbleibt«,** wenn man bemerkt, dass ein Witz eine bittere Wahrheit enthält. Ebenso können Scham oder Überraschung dafür verantwortlich sein, dass die Worte uns nicht über die Lippen kommen.

Bei Nervosität geht es vielen Sprechern ähnlich. Kein Wort kommt heraus, oft fühlt man so etwas wie einen Widerstand im Hals, der selbst durch Räuspern nicht vergeht. Hier kommen psychische und physische Probleme zusammen, beispielsweise sammelt sich bei Nervosität störender Schleim im Hals, der wie ein Kloß wirkt, dazu führt stärkere Durchblutung zu einem Engegefühl im Hals. Damit hängen auch die Ausdrücke »knödeln« und »Knödeltenor« für den künstlich verengten Klang der Stimme zusammen. Ein schleimiges Tier wie der Frosch lag als Vergleich ebenfalls nahe, zumal Mediziner manche Geschwulst art auf der Zunge und im Hals, die das Sprechen beeinträchtigte, *ranula*, also »Fröschchen«, nannten.

einen dicken / so 'nen Hals bekommen

Bedeutung: sich empören, wütend werden

Hintergrund: Aggression führt zu stärkerer Durchblutung, was besonders deutlich an den stark hervortretenden Halsadern zu sehen ist.

etwas steht einem bis hier (Geste am Hals), den Kanal voll haben, das hängt mir zum Hals heraus

Bedeutung: etwas ist unerträglich; man ist einer Sache überdrüssig

Hintergrund: Es handelt sich in allen drei Fällen um freundlichere Varianten der Redensart **»zum Kotzen«** bzw. **»es kommt mir gleich hoch«**. Bildlich gesprochen, ist einem wegen einer widerwärtigen Sache so schlecht, dass einem die Kotze schon bis in den Hals steht. Gleichzeitig identifiziert die Redensart das Ärgerliche mit dem zu Erbrechenden. Die zweite Redensart spielt mit der Nebenbedeutung »Darm« von »Kanal«, die dritte mit dem Bild, dass man etwas Ekelhaftes oder Langweiliges nicht ganz herunterbringt bzw. wieder hervorwürgt.

etwas in den falschen Hals / die falsche Kehle bekommen haben

Bedeutung: etwas falsch aufgefasst/verstanden haben und deshalb unnötig verärgert sein

Hintergrund: Sicher hat jeder schon einmal husten müssen, weil etwas in die Luft-, statt in die Speiseröhre gelangt ist. Das war dann »der falsche Hals«. Genau darauf bezieht sich die Redensart und überträgt es auf den Prozess des Missverstehens. So heißt es von unangenehmen Wahrheiten oft, dass »man sie schlucken müsse«. Hier dagegen stellt man sich Worte als gute, gleichsam bekömmliche Speise vor, die der andere **»bloß in den falschen Hals bekommen habe«**.

das Wasser steht einem bis zum Hals

Bedeutung: jemand ist in einer bedrängten Lage (besonders in wirtschaftlicher Hinsicht)

Herkunft: Die Redensart zeichnet das Bild eines Ertrinkenden, den das Wasser – die Armut – beinahe überflutet, so dass er gerade noch sich oder seinen Kopf **»über Wasser halten«** kann – wie eine zweite Redensart zum gleichen Bild formuliert. Ähnliche Bilder sind **»in der Tinte sitzen«** oder **»bis über den Hals in Schulden stecken«**.

jemandem etwas anhängen / einen Prozess an den Hals hängen

Bedeutung: jemanden beschuldigen, vor Gericht zerren

Hintergrund: Hierzulande war es bis weit ins 18. Jahrhundert und teils sogar noch darüber hinaus üblich, Straftätern Schandzettel mit ihrem Vergehen oder Symbole für ihre Vergehen wie eine Steinflasche für Trunksucht oder einen Steinpenis für Herumhuren um den Hals zu hängen, sie damit durch den Ort zu führen und schließlich an den Pranger zu stellen.

Da steh ich nun mit meinem gewaschenen Hals!

Bedeutung: Alle Mühe war umsonst, ich hab mich blamiert, bin der Dumme.

Hintergrund: Der Ausruf bezieht sich auf einen alten, in vielen Varianten bekannten Witz, in dem ein Junge aufgefordert wird, sich den Hals zu waschen, weil sich Besuch angekündigt hat. Er kontert mit dem Satz: **»Und wenn der Besuch nicht kommt, steh ich da mit meinem gewaschenen Hals.«**

den Hals nicht vollbekommen / vollkriegen können

Bedeutung: maßlos gierig sein

Hintergrund: Hier hat der Hals seine alte Bedeutung »Gurgel, Schlund«, und so kennzeichnete die Redensart erst einen maßlosen Esser, heute grundsätzlich extrem gierige Menschen.

jemanden auf den Hals kriegen, etwas auf dem Hals / am Hals / an der Backe haben

Bedeutung: mit jemandem/etwas ärgerlich viel Arbeit und Mühe haben

Hintergrund: Bei diesen Redensarten durchmischen sich Bilder aus Landwirtschaft und Kinderpflege. Zum einen geht es um das schwere

Joch der Arbeitstiere, das diese auf dem Hals – der ja auch für Nacken, Genick steht – tragen. Zum anderen trägt man häufig Kleinkinder, die durchaus auch eine Last sein können, auf den Schultern, mit deren Beinen um den Hals. Oder man trägt sie auf dem Arm; dabei schlingen sich die Ärmchen um den Hals des Tragenden, sodass sich Kopf an Kopf schmiegt. Das erklärt dann auch die Variante **»an der Backe«**, die freilich zusätzlich abfällig auf den Hintern anspielen kann.

jemandem im Nacken/Genick sitzen, der Schalk / die Angst sitzt einem im Nacken

Bedeutungen: jemanden stark bedrängen; jemand ist humorvoll und zu Scherzen aufgelegt; jemand hat große Angst

Hintergrund: Alt und international verbreitet ist die Angst vor »Aufsitz-Dämonen«, die beispielsweise schon die Geschichtensammlung »1001 Nacht« erwähnt, in dem Abenteuer Sindbads nämlich, wo sich der Scheich des Meeres auf seinen Schultern festklemmt. In Deutschland wurden diese Kobolde, Geister und Dämonen u.a. »Schalk« oder »Springer« genannt. Man sagte, sie säßen den Menschen auf den Schultern, schlängen die Beine um deren Genick und missbrauchten sie als Reittier und verführten sie zu widernatürlichen, verrückten oder auch nur lächerlichen Handlungen. Von diesen Vorstellungen ausgehend, erklären sich alle Varianten von **»im Nacken sitzen«**. Die Angst ist dabei personifiziert wie ein Dämon, und der Schalk drängt einen dazu, Scherze zu treiben. Allerdings ist auch an Verfolgungssituationen zu denken, bei denen einem die Verfolger sehr nah sind.

hartnäckig sein

Bedeutung: willensstark, starrköpfig oder unwillig sein, etwas zu tun

Hintergrund: Die alten Römer schickten Besiegte zu einer Art improvisiertem niedrigen Tor, das aus zwei senkrechten Stangen und einem Schwert als Querachse bestand. Sie mussten hindurchgehen und dabei als sichtbaren Akt der Unterwerfung ihren Nacken beugen. Wer erhobenen Hauptes blieb, musste sterben. Ähnlich dient das Nackenbeugen in vielen Kulturen als Unterwerfungsgeste, das Nackensteifhalten mal als vorbildlich konsequent und mutig, mal als dümmlicher Stolz.

überflüssig wie ein Kropf

Bedeutung: sehr überflüssig, nutzlos

Hintergrund: Besonders durch Jodmangel verursacht, war der Kropf am Hals eine vor allem in Alpenregionen oft zu sehende, halbkugelig hervorstehende krankhafte Halsausstülpung. Man nannte das scherzhaft auch **»eine Halsuhr tragen«**. Da der Kropf ohne Funktion ist, ja lästig, stand er für das Nutzlose.

Der Rumpf

Brust raus, Bauch rein

»Nicht im Kopf,
im Bauch sitzt
der Geist.«

(aus China)

DIE SCHULTERN

Dass sie gut tragen können, steht in sprichwörtlichen Redensarten ohne Zweifel an erster Stelle. Unübertroffen ist dabei der sagenhafte Riese Atlas der griechischen Antike. Er schulterte die Aufgabe, das Himmelsgewölbe auf seinen Schultern zu halten. Wer schwere Lasten zu tragen hat, der weiß, dass das Tragen auf den Schultern die beste Art ist.

Neben der Stärke besitzen die Schultern, was zu oft übersehen wird, auch Schönheit. Dabei wusste der Barockdichter Christian Hofmann von Hofmannswaldau ein ganzes Sonett »Auf ihre Schultern« zu dichten, das in den feinen Zeilen endet: »Muss Atlas und sein Hals sich vor dem Himmel biegen / So müssen Götter nur auf deinen Schultern liegen.«

International verbreitet ist die Geste des **»Schulterzuckens«** als Zeichen für Nichtwissen oder Indifferenz, die für die, welche sie sehr oft verwenden, zur spöttischen Redensart **»zuckerkrank sein«** geführt hat.

jemandem/etwas die kalte Schulter zeigen

Bedeutung: einer Person oder Sache keine Beachtung (mehr) schenken, sie gleichgültig oder missachtend behandeln

Hintergrund: Eindeutige Beweise, was hinter der Redensart steckt, fehlen, aber gute Hinweise gibt es doch. So wanderte sie vielleicht aus England ein, worauf auch ihre Ausbreitung von Norddeutschland aus hinweist. In den USA und England ist sowohl **»someone is given the cold shoulder«** als auch **»to be cold shouldered«** geläufig. Ein schätzbarer Kollege, Albert Jack, führt sie auf einen feinsinnigen Hinweis auf das nahende Ende mehrtägiger Festbankette im Mittelalter zurück: Der adlige Gastgeber habe nämlich statt des anfangs reichen Speisenangebots nur noch Scheiben von kaltem Schweine- oder Rinderschulterbraten gereicht. Die Sitte hielt sich einige Jahrhunderte und verbreitete sich dann in der bürgerlichen Schicht. Das Zeichen empfand man zunehmend als eine unhöfliche Abweisung, was zur Redensart führte.

Bereits in der Antike suchte man sich allerdings eine **»Schulter zum Ausweinen oder Anlehnen«**. Wer sie einem Trostbedürftigen verwehrte, erwies sich als kaltsinnig, unterstützte seine Haltung wohl noch mit einem leichtem Abwenden, bei dem sich eine Schulter vordrehte, die man deshalb auch leicht als **»kalte Schulter«** bezeichnen konnte. So gibt es auch den nicht mehr so gebräuchlichen Ausdruck »**auf kalte Schultern stoßen**«.

etwas auf die leichte Schulter/Achsel nehmen

Bedeutung: etwas leichtnehmen, oft unangemessen, etwas unterschätzen

Hintergrund: In der Regel führt man den Ausdruck auf ungleich starke Schultern oder Achseln zurück, von denen die schwächere nur leichte Lasten tragen könne und deshalb die leichte genannt werde.

auf jemandes Schulter stehen

Bedeutung: sich auf jemandes Vorarbeiten, Erfahrung stützen und davon profitieren

Hintergrund: Bereits seit Bernhard von Chartres, von dem man nur weiß, das er nach 1124 starb, ist der schön bescheidene Satz überliefert, die Gelehrten seiner Zeit ähnelten Zwergen auf den Schultern von Riesen; gemeint mit den Riesen waren die unübertrefflichen antiken Wissenschaftler. In Deutschland gab es aber auch das Sprichwort: **»Wer einem andern auf den Schultern stehet, der kann weiter sehn, dann er.«**

jemanden über die Schulter ansehen, jemanden kaum/nicht über die Schulter ansehen

Bedeutung: jemanden verächtlich bzw. nicht einmal verächtlich ansehen

Hintergrund: Höflichkeit gebietet das direkte Ansehen eines anderen, der Blick über die Schulter gilt traditionell als verächtlich. Besonders verächtlich ist es, jemanden überhaupt nicht anzusehen.

etwas schultern, breite Schultern haben, auf jemandes Schultern ruhen

Bedeutung: etwas bewältigen, belastbar sein, die Verantwortung tragen

Hintergrund: Ämter und Aufgaben verglich man seit jeher mit einer Last, und die trug sich am besten auf den Schultern. Wer breite Schultern, ein breites Kreuz besaß, konnte besonders gut tragen, erst recht Verantwortung.

DIE BRUST

Warum gibt es keine Brust-, sondern nur **»Busenfreunde«**? Warum ruht man nicht an der Brust, sondern am **»Busen der Natur«**? Beide Wörter wurzeln in viel ältern, die jeweils mit dem Schwellen zu tun haben, und dann auch die Brustwölbung bei Mann und Frau beschrieben. Während sich aber **»Brust«** seit dem Althochdeutschen als alltägliches Wort hielt, entwickelte sich **»Busen«** zunehmend in zwei neue Richtungen, einerseits als Bezeichnung der weiblichen Brust, andererseits als poetischer Ausdruck in gehobener Sprache für die Brust allgemein. Das macht sprichwörtliche Redensarten mit diesen Wörtern nicht leicht verständlich, muss man doch erst einmal herausbekommen, was und wie es gemeint ist. Eindeutig beziehen sich die meisten auf die zwei Bereiche »Stärke/Schwäche«, wie bei **»schwach auf der Brust sein«**, und auf »Nähren«.

sich an die (eigene) Brust schlagen

Bedeutung: Reue zeigen, sich Vorwürfe machen

Hintergrund: Die Reue-, Buß- und Trauergeste kommt in der Bibel mehrfach vor, so schon im Alten Testament beim Propheten Nahum (2, 8), wo es heißt: »... und ihre Jungfrauen werden seufzen wie die Tauben und an ihre Brust schlagen.« Im Neuen Testament schreibt Lukas (18, 13) ähnlich: »...sondern schlug an seine Brust und sagte: ›O Gott, sei gnädig, mir Sünder!‹«

mit stolzgeschwellter Brust, sich in die Brust werfen, mit breiter Brust, sich brüsten

Bedeutung: stolz, selbstbewusst, angeberisch, triumphierend sein, angeben

Hintergrund: International verbreitet und sehr traditionell wird Stolz ausgedrückt, indem Menschen sehr aufrecht stehen mit durchgedrücktem Kreuz und vorgestreckter Brust. Das kann allerdings auch lächerlich wirken, was die ambivalente Bedeutung der Redensarten erklärt.

im Brustton der Überzeugung

Bedeutung: voller Überzeugung, sehr überzeugt

Hintergrund: Nicht nur Logopäden kennen dieses Sprechen aus der Körpermitte heraus: resonanzreich, kraftvoll, rein und unglaublich überzeugend! Als Urheber der Redensart gilt Heinrich von Treitschke, der ihn 1862 in seinem Aufsatz »Fichte und die nationale Idee« erstmals öffentlich verwendete.

schwach auf der Brust sein

Bedeutung: anfällige Atmungsorgane, wenig Geld oder wenig Kraft haben / Leistung bringen

Hintergrund: Zu Beginn bezog sich die Redensart auf Menschen, die oft erkältet waren, leicht eine Lungenkrankheit bekamen, deren Atmungsorgane schwache Widerstandskräfte hatten. Da Männer seit dem 18. Jahrhundert Geldanweisungen und später Banknoten in ihrer Brieftasche trugen, diese wiederum in der Brusttasche ihres Rocks oder Anzugs, entwickelte sich die zweite Bedeutung »Geldsorgen haben«. Wenig Geld zu haben, bedeutet auch, sich wenig leisten zu können, was die weitere Übertragung auf Kraft bzw. Leistung ermöglichte. So kann die Redensart mangelnde Stärke eines Menschen, einer Maschine, eines Autos bezeichnen.

eine Hühnerbrust haben

Bedeutung: lächerlich schwächlich sein, besonders von Jugendlichen gesagt

Hintergrund: Es gibt tatsächlich die Hühnerbrust als krankhafte kielartige Vorwölbung des Brustbeins, was an den Körperbau von Hühnern erinnert. Man verwendete den Ausdruck bald spöttisch im Alltag und in der Literatur. So steht bei Klabund in dem Gedicht »Die geistigen Arbeiter in der Inflation« von 1927: »Das schwellt meine Hühnerbrust wie ein Segel«.

etwas in petto haben

Bedeutung: etwas beabsichtigen, bereit/vorbereitet sein für etwas, etwas auf Lager haben

Hintergrund: Hier übernahmen wir einfach im 18. Jahrhundert einen beliebten italienischen Ausdruck, der übersetzt **»in der Brust«** heißt. Die Brust beherbergt das Herz und darin bewegt man Pläne, Absichten, Gesinnungen.

Zwei Seelen wohnen (, ach!) in meiner Brust.

Bedeutung: zwiegespalten sein, etwas ambivalent sehen

Hintergrund: Es handelt sich um ein geflügeltes Wort, das Goethes »Faust I« entstammt und schon dort einen extremen Zwiespalt beschreibt. Heute verwendet man das Zitat durchaus lässig, heiter und ironisch.

sich jemanden zur Brust nehmen, einen zur Brust nehmen

Bedeutung: sich mit jemandem/etwas energisch tadelnd auseinandersetzen, Alkoholisches trinken

Hintergrund: Es klingt erst einmal, als nähme eine Mutter oder Amme ein Baby an die Brust, aber hier geht es um die derbe Art, jemanden beim Kragen zu packen und drohend an sich zu ziehen, was die energisch tadelnde Bedeutung erklärt. Weil man Alkohol beim Zuprosten auf Brusthöhe hält, entstand die heitere zweite Bedeutung.

Busenfreunde sein

Bedeutung: sehr eng befreundet sein

Hintergrund: Gerade im 18. Jahrhundert blühte der Freundschaftskult in bürgerlichen Kreisen und massenhaft priesen Gedichte, wie einer den andern liebevoll an seinen Busen drückt. Daher überrascht es nicht, dass besonders bei Goethe der Begriff **»Busenfreund«** ganz geläufig ist und Friedrich Schiller gendergerecht das Wort **»Busenfreundin«** prägt und damit die Natur preist.

eine Schlange/Natter am Busen nähren

Bedeutung: einem Undankbaren, der einem später sogar schadet, vertrauen, ihn unterstützen

Hintergrund: Die Redensart verdankt sich der Fabel des antiken Fabeldichters Äsop »Der Wanderer und die Schlange«. Ein Wanderer – und nicht ein Bauer, wie oft fälschlich zu lesen – findet eine fast erfrorene, starre Schlange und birgt sie mitleidig unter seinem Gewandbausch. »Als sie sich aber aufgewärmt hatte, fuhr sie ihm mit ihren Zähnen in den Bauch.« Der Wanderer stirbt. In der römischen Antike war wegen dieser Geschichte die Redensart **»serpentem in sinu fovere«**, also »eine Schlange im Gewandbausch wärmen« beliebt, die dasselbe wie unsere bedeutete.

Die Übertragung von »Gewandbausch« und »erwärmen« im Original auf »Brust« und »nähren« in der europaweit üblichen Form erklärt sich zuerst aus der Doppelbedeutung von *kolpos* im Griechischen und *sinus* im Lateinischen, beide können »Gewandbausch« und »Busen« heißen. Zweitens schaute man nicht mehr auf das Original, in dem die Schlange eindeutig in den Bauch beißt, sondern ließ sich von berühmten Geschichten wie dem Selbstmord Kleopatras beeinflussen, die sich – je nach Darstellung – eine Schlange oder zwei Schlangen an ihre Brust oder Brüste setzte, um sich so zu töten. Damit war man bei der weiblichen Brust und ihrer Nährfunktion angelangt, was zur Redewendung in ihrer jetzigen Form führte.

Holz vor der Hütte/Hüttn haben

Bedeutung: eine beeindruckende Oberweite besitzen

Hintergrund: Der süddeutsche Ausdruck vergleicht humorvoll und verhüllend anziehend große Brüste mit einem großen Wintervorrat an Brennholz vor einer Hütte; beides ein angenehmer Anblick, bei dem es jemandem warm ums Herz werden kann.

DER BAUCH

Wohlbeleibtheit steht in zahlreichen Kulturen für Glück, Zufriedenheit und Wohlstand. Viele Buddha-Statuen zeigen es eindrucksvoll. In arabischen Ländern heißt es bis heute: **»Man kann nicht alles haben: eine dicke Frau und viel Platz im Bett.«** Bei uns nannte man einen dicken Mann durchweg »stattlich« und empfand ihn als attraktiv. Humor schreibt man den Trägern eindrucks- bzw. eher ausdrucksvoller Bäuche häufig zu, man muss nur an Shakespeares berühmte Dramenfigur Sir John Falstaff denken, an Komödianten wie Roscoe Conkling »Fatty« Arbuckle oder Oliver Hardy. Dessen Partner Stan Laurel beweist freilich, dass ein sehr dünner Bauch ebenfalls für Komik sorgt.

Unser sprichwörtliches **»Bauchgefühl«** sagt uns, dass solche Urteile aus dem hohlen Bauch heraus dem Wandel der Zeiten unterliegen. So denken heute nicht wenige bei dicken Bäuchen eher an mangelnde Disziplin, Bodyshaming oder Cineasten an die christlichen Todsünden Völlerei und Trägheit.

Doch der Bauch ist nicht nur eng mit dem Essen verbunden, sondern auch mit dem Mangel an Nahrung. So sagten die Römer der Antike: **»Venter non habet aures«**, also »Der Bauch hat keine Ohren.« Das in vielen Sprachen verbreitete Sprichwort bedeutet, dass ein Hungriger nicht zuhören kann. So entstand wohl in Frankreich die bildstark formulierte militärische Weisheit: **»Eine Armee marschiert auf ihrem Magen.«** Und weil die Kunst nach dem Brot geht, selbst wenn sie nur das Handwerk wäre, heißt es in England: **»The belly teaches all arts.«**

Bauch und Magen sind Synonyme. Das beweist schon die Fabel, welche Menenius Agrippa angeblich 494 v. Chr. wütenden Plebejern erzählte, die Rom aus Unzufriedenheit über die herrschende Klasse verlassen hatten. Darin geht es um die Glieder, die mit dem Bauch unzufrieden sind und ihre Arbeit einstellen, nur um zu erkennen, dass sie auf ihn angewiesen sind. Die Plebejer verstanden den Sinn und kehrten zurück. In Übersetzungen ist oft vom Magen und den Gliedern die Rede. In dem alten deutschen Sprichwort **»Ihr Bauch ihr Gott«**, das Hans Sachs vor 500 Jahren oft verwendete, könnte genauso gut »Ihr Magen ihr Gott« stehen. Das Sprichwort bezog sich auf die sogenannten »Bauchdiener«, die nicht Geist oder Herz, sondern dem Bauch folgen. Sie werden schon im biblischen Römerbrief 16, 18 erwähnt.

Voller Bauch studiert nicht gern.

Bedeutung: Wer satt ist, lernt schlecht.

Hintergrund: Das Sprichwort stammt wörtlich aus dem Lateinischen – **»Plenus venter non studet libenter«** – und findet sich in weiteren europäischen Sprachen. Physiologisch korrekt, weist die Weisheit darauf hin, dass nach dem Essen der Körper mit der Verdauung zu tun hat, was die intellektuelle Tätigkeit behindert. Die oft mit Sattheit einhergehende Müdigkeit tut ein Übriges.

seinem Bauchgefühl folgen

Bedeutung: intuitiv handeln

Hintergrund: Längst haben Wissenschaftler die überragende Bedeutung unseres sogenannten Darmhirns nachgewiesen, das nicht nur unsere Gefühle und Stimmungen beeinflusst, sondern auch intuitives Handeln, instinktive Ab- oder Zuneigung etc. Als diese Forschungen popularisiert wurden, verbreitete sich auch vor gut einem halben Jahrhundert die Redewendung. Das **»Bauchgefühl«** wird dabei sowohl als untrüglich und bemerkenswert klug gepriesen als auch wegen seiner bloß auf spontanen Emotionen beruhenden Natur verachtet.

aus dem hohlen Bauch heraus, etwas nicht aus dem hohlen Bauch können

Bedeutung: unvorbereitet/überhetzt/spontan/unbedacht; etwas hungrig nicht tun können

Hintergrund: Während manche Sprichwortlexika die recht junge Redensart auf den leeren Kopf oder gar einen leeren Gedächtnisspeicher zurückführen, weist schon der Sprichwortexperte Lutz Röhrich auf die ältere Variante **»etwas nicht aus dem hohlen Bauch können«** hin, aus der sie sich entwickelt haben wird. Sie bezog sich auf die notwendige Stärkung vor einer schwierigen Arbeit. So konnte der hohle Bauch zum Exempel für mangelndes Vorbereitet-Sein allgemein sowie für überhetzte Aktionen aller Art werden.

Wut im Bauch haben, den Bauch voll Wut haben

Bedeutung: sehr wütend sein

Hintergrund: Nach volkstümlicher Vorstellung entstehen starke Gefühle wie die Wut in den Bauchorganen, besonders der Leber und der Galle. Dazu kommt die ebenfalls sprichwörtlich gewordene Erfahrung, dass viele Menschen lange Zeit etwas schlucken und in sich hineinfressen, ehe sie **»vor Wut platzen«**.

Schmetterlinge/Flugzeug(e) im Bauch haben

Bedeutung: verliebt sein; starken Liebeskummer haben

Hintergrund: Florence Converse formulierte 1908 in ihrem Roman »House of Prayer« den Ausdruck für Verliebtheit **»butterflies in the stomach«**, »Schmetterlinge im Bauch«, der sich zuerst in Amerika und bald in der ganzen englischsprachigen Welt durchsetzte; bei uns erst lange nach 1945, dann allerdings mit großem Erfolg.

Herbert Grönemeyer entwickelte die Redensart weiter in das Negativbild **»Flugzeuge in meinem Bauch«** für großen Liebeskummer. Frei nach dem Motto *bigger is better* hört man heute öfter im positiven Sinn: **»Ich hab nicht nur Schmetterlinge, ich hab sogar Flugzeuge in meinem Bauch!«**

vor jemandem auf dem Bauch liegen

Bedeutung: unangenehm unterwürfig/kriecherisch sein

Hintergrund: Noch bis in die 1960er-Jahre machten Jüngere und Untergebene einen Diener oder einen Knicks. In besonders stark hierarchisch geprägten Kulturen wie dem antiken Perserreich, dem alten Byzanz oder den chinesischen Kaiserreichen musste man sich vor Höhergestellten teils wirklich auf den Bauch legen, gar den Boden küssen, was man »Prostration« nennt. Das wurde schon im 19. Jahrhundert als übertrieben bewertet. Allerdings kommt diese besondere Demutsgeste bis heute in der römisch-katholischen, der altkatholischen, der anglikanischen und in den orthodoxen Kirchen vor.

jemanden über den Löffel balbieren/barbieren

Bedeutung: jemanden in plumper Form betrügen, hinters Licht führen

Hintergrund: Man führt die Redensart auf die Vorgehensweise von Barbieren zurück, die eingefallenen, faltigen Wangen alter Männer mit einem Löffel vom Mundinnenraum aus nach außen glatt zu drücken, um sie leichter rasieren zu können. Das galt zuerst als Frechheit, dann als Irreführung und sogar als Betrug.

DER HALS

So kurz er ist und so unbestimmt sein genauer Anfang und sein genaues Ende (zumindest außerhalb der Orthopädie), so bedeutend ist er für sprichwörtliche Redensarten. Auf keinen Fall darf man ihn unterschätzen, wie das russische Sprichwort belegt: **»Der Mann ist der Kopf, aber die Frau ist der Hals.«** Damit meinte man, dass die Frau bestimmt, wohin der Kopf sich bewegt, was er sieht, ob er stolz hochgereckt oder demütig gebeugt wird. Einige Redensarten erklären sich aus Körperbewegungen wie **»einen langen Hals machen/bekommen«** oder **»den Hals recken«** für neugierige, begierige Leute. Gleichzeitig gilt er als eine empfindliche Körperpartie, deren Verletzung leicht tödliche Folgen haben kann, was sich in Redensarten wie **»Du wirst dir noch den Hals brechen!«** oder **»Hals- und Beinbruch!«** niederschlägt.

Manche Redensarten setzen ihn auch in Bezug zu seiner Funktion beim Essen und seinem Gegenteil, so **»etwas bleibt im Hals stecken«** oder **»etwas steht einem bis zum Hals«**. Früher sagte man für »umarmen« auch »halsen«, was Liebesredensarten wie **»jemandem um den Hals fallen«** oder **»sich jemanden an den Hals werfen«** begründet.

Hals über Kopf

Bedeutung: überstürzt, sehr plötzlich

Hintergrund: Früher hieß es zuweilen auch: **»Es geht über Hals und Kopf«**. Dabei ist an eine plötzliche Flucht zu denken, bei der jemand – im wahrsten Sinne des Wortes – aus Überstürzung einen Purzelbaum schlägt, sodass sich für kurze Zeit wirklich der Hals über dem Kopf befin-

sich den Bauch halten vor Lachen, zwerchfellerschütternd

Bedeutung: sehr lachen, sehr lustig

Hintergrund: Das Lachen ist eine in ihrer Komplexität bis heute nicht ganz verstandene Aktion, die nicht nur den Menschen, sondern auch Primaten und sogar Ratten möglich ist. Bei uns führt es durchweg zu einer starken Erschütterung des Zwerchfells und des gesamten Bauches, die so heftig ausfallen kann, dass Muskelkater folgt. Das **»Bauchhalten«** als Reaktion bekräftigt sichtbar die Stärke des Lachens, kann es aber auch ironisieren.

mit etwas auf den Bauch fallen, auf dem Bauch landen, bäuchlings

Bedeutung: mit etwas scheitern, auf dem Bauch liegend

Hintergrund: Das Fallen selbst verbindet man seit der Antike mit dem Scheitern, was mit Geschichten wie dem Sturz des Ikarus zu tun hat, aber auch dem tödlichen Fallen in der Schlacht. Dementsprechend oft finden sich in den europäischen Sprachen Redensarten, die »Fall« im Sinne von »Scheitern« verstehen. Bei uns gehören sie in der Regel der Umgangssprache an, so **»auf die Fresse/Schnauze/Nase fallen«** oder eben **»auf den Bauch«**, was besonders lächerlich wirkt.

sich gebauchpinselt fühlen

Bedeutung: sich stark geschmeichelt fühlen (ironisch, heiter)

Hintergrund: Die Redensart ist eine studentische Übertragung von Ausdrücken wie **»Gaumenkitzler«** oder **»Ohrenkitzler«** auf den Bauch. Was zuerst als »Bauchkitzler«, also als Lob einer feinen, dem Bauch, genauer dem Magen schmeichelnden Speise galt, übertrug man auf eine große Freundlichkeit oder angenehme Schmeichelei, die einem warm ums Herz werden ließ. Ob der Pinsel nur als Kitzelinstrument ins Spiel kam oder als lustige Erfindung exotischer Herrscherpflege, ist nicht geklärt.

etwas bereitet jemandem / man hat Bauchschmerzen wegen etwas

Bedeutung: etwas macht einem Sorgen, weckt in einem Bedenken

Hintergrund: Ähnlich wie bei **»etwas bereitet Kopfschmerzen«** geht es um die Beobachtung, dass Sorgen, seelische Nöte etc. tatsächlich unangenehme Körperwirkungen bis hin zu Magenkrämpfen bewirken können.

jemandem ein Loch / Löcher in den Bauch fragen, löchern

Bedeutung: jemanden intensiv und nervend unentwegt befragen

Hintergrund: Das Fragen als ein Suchen nach Wahrheit verglich man früh mit dem Bergbau und der Suche nach edlen Metallen. So spricht man auch von **»tiefschürfenden«** Fragen. In Analogie dazu bildete man die negative Redensart, die intensive Fragerei mit dem **»Löchern«** des Befragten beschreibt. Der Bauch kam ins Spiel, weil es längst die Redewendung **»ein Loch im Bauch haben«** für **»Hunger haben«** gab.

einen Braten in der Röhre / im Ofen haben

Bedeutung: schwanger sein

Hintergrund: Wie der Braten in der Backröhre, so wird das Kind im Mutterleib »fertig«. In Friedrich Schillers »Die Räuber« heißt es in der ersten Szene im ersten Akt: »Das ist dein Bruder! – das ist verdolmetscht: Er ist aus eben dem Ofen geschossen, aus dem du geschossen bist – also sei er dir heilig!«

Neben dieser gibt es weitere Analogien zwischen Kind und Braten, etwa das notwendige Einschieben des länglichen Bratens in das dunkle Ofenloch. Schließlich verwendete man die Redensart häufig für uneheliche Schwangerschaft.

Bauchnabel- oder Nabelschau üben/betreiben/halten

Bedeutung: eitel/dümmlich sich selbst betrachten, ein Narzist sein

Hintergrund: Das Sprachbild lässt uns an jemanden denken, dessen Horizont extrem eng ist, da er mit geneigtem Kopf bloß auf seinen Nabel schaut, alles andere aber nicht beachtet. Je nach Situation kann das auf Unwillige, Eitle, Dümmliche etc. bezogen werden.

sich für den Nabel der Welt halten

Bedeutung: eingebildet sein, überwertige Ideen hegen

Hintergrund: Für die alten Griechen gab es den Nabel der Welt ganz konkret und zwar in Delphi. Im dortigen Heiligtum zeigte man den Omphalos-Stein, wörtlich übersetzt »Nabel-Stein«, der ihn markierte. Die Römer übernahmen die Vorstellung, verlegten den Nabel der Welt aber nach Rom. Wer sich für den Nabel, gleichsam den Mittelpunkt der Welt hält, ist extrem eingebildet.

eine Nabelschnur für etwas sein, sich von etwas/jemandem abnabeln

Bedeutung: eine außerordentlich wichtige Verbindung für jemanden sein; sich von jemandem unabhängig machen

Hintergrund: Die lange Zeit geheimnisumwitterte und im Aberglauben vielfach bedeutungsvolle Nabelschnur erkannte schon die Antike als die entscheidende Verbindung zwischen dem werdenden Kind und der Mutter. So konnte sie zu einer Redensart über ähnliche Verbindungen in zahlreichen Bereichen führen wie der Lebensmittelversorgung, dem Finanzsektor, dem Bereich Transport, Verkehr etc. Die wichtige Trennung des Neugeborenen von der Nabelschnur übertrug man früh auf harte, notwendige Schnitte, die menschliche Nesthocker viel zu lange herauszögern. Ähnlich bezieht sich diese Redensart auf weitere starke Beziehungen wie die zwischen Sportler und Trainer, Mentor und Schützling, Konzernmutter und Tochterfirma etc.

Gesundheitssprichwörter aus Deutschland

Trocken Brot macht Wangen rot.

Gut gekaut ist halb verdaut.

Einem gesunden Magen ist alles gesund.

Kranker Magen, kranker Kopf.

Essen und Trinken hält Leib und Seele zusammen.

Wer lange hustet, lebt lange.

Kopf kalt, Füße warm macht den besten Doktor arm.

Wenn 's Arscherl brummt, ist's Pumperl gsund.

Kleine Feinde und kleine Wunden verachtet kein Weiser.

Zahnschmerz geht über Weltschmerz.

Wer seinem Leib zu wohltut, macht selten alte Beine.

Große Bäuche, frühe Leiche.

Brechmittel schmecken schlecht, retten aber Herrn und Knecht.

Essig beißt nur auf Wunden, nicht auf gesunder Haut.

Krankheit kommt zu Pferde und geht zu Fuß.

Manchen hält man für fett und ist nur geschwollen.

Wenn der Kopf wund ist, verbindet man die Füße umsonst.

Besser gesunde Beine als goldene Krücken.

Mäßiger Mund erhält den Leib gesund.

DER RÜCKEN

»Ich habe Rücken.« Diese vielsagende, lustig verkürzte Redensart machte Harpe Kerkelings Kunstfigur Horst Schlämmer ungeheuer populär. Ob zitathaft ironisch oder ernsthaft klagend gebraucht – jeder versteht die Wendung, weil Rückenprobleme heute eine Volkskrankheit sind. Dabei stand der Rücken mit seinen vielen Muskelpartien traditionell und sprichwörtlich oft für Stärke, wie die Redensarten **»Rückgrat zeigen/haben/ beweisen«** oder **»einen breiten Rücken haben«** belegen. Eine aufrechte Haltung und Stärke konnten freilich auch hochmütig wirken.

Der Rücken erstreckt sich vom Hals bis zum Hintern, wie schon Konrad von Megenberg im 14. Jahrhundert schrieb: »der ruck hât seinen anvanch [Anfang] an dem hals und strecket sein leng unz an die mistporten [Mistpforte].« Ohne Umlaut begegnete man dem Wort »Rucken« bis hin zu Goethe. Häufig verknüpfte man ihn sprichwörtlich mit Negativem, etwa mit Unterwerfung, wenn man **»den Rücken beugen musste«**, mit Abstand-Schaffen wie in **»jemandem den Rücken kehren«** oder mit Angreifbarkeit. Schließlich orientieren wir uns hauptsächlich nach vorn, haben sprichwörtlich »hinten keine Augen«. Da kann einem leicht **»jemand in den Rücken fallen«** und wir benötigen deshalb **»Rückendeckung«**. Überhaupt sprechen wir durchweg von dem, was hinter uns liegt, als einem Bereich des Negativen, Unrechten oder Unanständigen – wie bei **»hintenherum«** oder **»hinterrücks«**, wohingegen das, was vor uns liegt, eher als rechtens und positiv gilt. Abschätzig oder scherzhaft sprechen wir vom Rücken in Redensarten als »Hucke«. Dieses Wort stand für die Last auf dem Rücken, die dort eine Art »Huckel« oder »Buckel« bildete. Das Wort »Buckel« kam aus dem Altfranzösischen zu uns und bezeichnete erst den Schildbuckel, dann auch den krankhaften Höcker auf dem Rücken wie beim Glöckner von Notre Dame, schließlich scherzhaft den Rücken selbst.

sich/jemandem den Rücken freihalten, jemandem den Rücken decken, jemandem Rückendeckung geben, jemandem im Rücken haben, jemandem den Rücken stärken

Bedeutung: dafür sorgen, dass man selbst oder jemand anderes vor Gegnern oder negativen Einflüssen sicher ist; jemanden unterstützen/ verteidigen; Entfaltungsmöglichkeiten verschaffen

Hintergrund: Schon bei Kämpfen mit Hieb- und Stichwaffen war der Rücken durch unbeobachtete und überraschende Angriffe von hinten besonders gefährdet. Deshalb versuchte man, ihn frei, im Sinne von »geschützt«, »gedeckt«, zu halten bzw. einem eine Rückzugsmöglichkeiten freizuhalten. Nicht selten kämpfte man zu zweit oder in kleinen Gemeinschaften Rücken an Rücken und deckte so gegenseitig die Schwachstellen. Mit so einer Sicherung im Rücken ist man frei in seinen Handlungen und Absichten. Daher kommt auch die Bedeutung »Unterstützung«.

jemandem in den Rücken fallen

Bedeutung: sich unerwartet gegen jemanden wenden

Hintergrund: Diese Redewendung bezieht sich auf einen hinterrücks und heimtückisch ausgeführten Angriff durch einen Kameraden, dem man vertraut.

mit dem Rücken zur Wand stehen

Bedeutung: in schwieriger, bedrängter, fast aussichtsloser Lage sein

Hintergrund: Beim Fechten war es überlebenswichtig, Raum zum Ausweichen zu haben. War man bis an eine Wand zurückgewichen, fehlte dieser. Früher sagte man allerdings positiv **»mit dem Rücken an die Wand zu kommen suchen«**, im Sinne von »eine gute Position einzunehmen suchen«, weil die Stellung einem Fechter, der gegen mehrere Gegner kämpfte, immerhin einen freien Rücken sicherte.

hinter jemandes Rücken

Bedeutung: heimlich, heimtückisch, feige

Hintergrund: Wenn man etwas den Augen und dem Wissen eines anderen entzieht, indem man es hinter seinem Rücken tut, gilt das durchweg als negativ, ja tückisch.

jemandem oder etwas den Rücken kehren/zuwenden, jemanden mit dem Rücken ansehen

Bedeutung: sich von jemandem/etwas abwenden; jemanden bewusst nicht beachten; Kritik an jemandem äußern, der einem den Rücken zuwendet

Hintergrund: Das Zeigen des Rückens bedeutet seit jeher Distanz, Ungnade und Missachtung. Geschieht es in einem Gespräch unbedacht, dass einer dem anderen seinen Rücken zuwendet, kann der die unhöfliche Geste ironisch kommentieren: **»Ein schöner Rücken kann auch entzücken.«**

einen breiten Rücken oder ein breites Kreuz haben/beweisen, Rückgrat zeigen/haben/beweisen

Bedeutung: viel ertragen können; stark, selbstbewusst und charakterfest sein

Hintergrund: Die Redensart verbindet körperliche Stärke mit der inneren Stärke, Schicksalsschläge, Anschuldigungen und dergleichen mehr an Belastendem ertragen zu können. Außerdem steht »Rückgrat« für die aufrechte Haltung und die wiederum – im Wortsinne – für Unbeugsamkeit, dann auch für Konsequenz und Stolz.

es läuft jemandem kalt / eiskalt / heiß und kalt den Rücken hinunter

Bedeutung: es gruselt jemanden; jemand ist entsetzt

Hintergrund: Eine unklare Bedrohung, das Gefühl des Unheimlichen führt zu Reaktionen des vegetativen Nervensystems. Die Flucht oder Kampf vorbereitenden Nervenerregungen empfindet man oft als Schauer, die einem den Rücken hinablaufen. Im Englischen heißt so etwas *spine chilling*, wörtlich »Rückgrat vereisend«.

Rutsch mir den Buckel runter! Du kannst mir den Buckel raufsteigen!

Bedeutung: Lass mich in Ruhe! Ich beachte dich nicht weiter!

Hintergrund: Die derbe Abweisung ist eine feinere Variante von »Leck mich am Arsch!«. »Buckel« steht hier ja für »Rücken«, und rutscht man den hinunter, landet man beim Arsch. Steigt man den Buckel hinauf, beginnt man ebendort.

vor jemandem buckeln, einen krummen Buckel machen

Bedeutung: sich unterwürfig verhalten

Hintergrund: Diener, Sklaven, Untertanen, sie alle mussten früher Höhergestellten gegenüber den Rücken beugen, was bei tiefer Verbeugung wie ein Buckel aussah: ein überaus demütiges Verhalten, das heute kriecherisch wirkt.

viele Jahre auf dem Buckel haben

Bedeutung: sehr alt sein; viel ertragen haben

Hintergrund: Die Wendung basiert auf dem Bild, dass jemand von der Last seiner Lebensjahre gebeugt ist.

jemandem die Hucke voll hauen / voll lügen

Bedeutung: jemanden prügeln; jemanden intensiv belügen

Hintergrund: Die derbe Bezeichnung für den Rücken rührt zuerst vom Bündel her, das Hausierer auf ihm trugen, dann von Rückentragegestellen, die »Hucke« hießen. »Eine Hucke voll« bedeutete deshalb an sich schon »sehr viel«. Die Redensarten spielen mit dieser Doppelbedeutung. Man verpasst einem anderen Schläge auf den Rücken – die Hucke –, und zwar sehr viele, eben »eine Hucke voll«. Diese Mengenbedeutung bezieht sich dann auch auf das intensive Lügen.

Sprichwörtliche Gestalten und Körperformen

ein Ritter von der traurigen Gestalt sein = lächerlich aussehen wie Don Quijote

ein wahrer Goliath sein = hünenhaft über seine Mitmenschen hinausragen wie der Riese aus der Bibel

ein wahrer Herkules sein = muskelbepackt athletisch aussehen wie der Held der Antike

ein rechter Hering sein = dünn und ohne Muskeln sein

ein Strich in der Landschaft sein = sehr dünn sein

ein wahrer Adonis sein = ein sehr schöner Mann sein wie der Beaux der Antike

eine Bohnenstange / ein langer Lulatsch / langer Laban sein
= hochgewachsen dünn sein

aus dem Leim gegangen / aufgegangen wie eine Dampfnudel sein = sehr dick sein

eine halbe Portion sein = ein lächerlich kleiner, schwacher Mensch

ein Dreikäsehoch sein = abschätzig für kleine, freche Kinder

ein laufender Meter / ein abgebrochener Riese sein = sehr/ lächerlich klein sein

eine Sanduhrfigur haben = breite Schultern, schmale Taille, breite Hüften, vollen Busen, rundes Gesäß haben

eine gewichtige Persönlichkeit sein = sehr dick sein (zumeist von Männern)

DER HINTERN, ARSCH, POPO

Menschen sitzen heiter sprechend um einen Tisch herum, jeder auf einer Toilette, und haben Stuhlgang. Wer etwas essen will, zieht sich diskret in einen kleinen, absperrbaren Raum zurück. Mit dieser Szene demonstriert der Regisseur Louis Buñuel im Film »Das Gespenst der Freiheit«, dass Tabus bloß sozial verabredet sind.

Die sprichwörtlichen **»vier Buchstaben«** (Popo), die man manchmal scherzhaft auch **»die fünf Buchstaben«** (Arsch) nennt, belegen ebenfalls, dass dieses Körperteil mit Tabus belegt ist. Obwohl wir so oft und lang darauf sitzen, sprechen wir nur ungern davon, und selbst dann eher verhüllend oder derb. Bei den Geschlechtsorganen ist es ähnlich.

Römer und Griechen der Antike waren da viel weniger skrupulös. So bezeichnete man die Liebesgöttin Aphrodite/Venus auch als »die Prachthintrige« oder »die mit dem schönen Gesäß« und verwendete die Übernamen auch als Komplimente gegenüber Sterblichen. Da man sich damals und bis weit ins 19. Jahrhundert durchweg öffentlich erleichterte, sprach man bis dahin leichtherzig und oft ohne weitere Nebengedanken vom »Pissen« und »Scheißen«. Selbst Goethe und Schiller tauschten sich noch regelmäßig über eine gesunde Verdauung, Durchfall oder Verstopfung aus.

»Arsch« darf man in sprichwörtlichen Redensarten nicht automatisch als beleidigenden Ausdruck verstehen. Es handelte sich einfach um das lange Zeit geläufige deutsche Wort, das auch der Reformator Martin Luther nicht nur grobianisch oder wütend, sondern auch in der Korrespondenz mit hochgestellten Herren freimütig verwendete. Erst mit dem erstarkenden Bürgertum und seiner Orientierung an höfischer Etikette ersetzte man das Wort zunehmend durch »Hinterteil« oder das verkürzte »Hintern«, dieses wiederum durch das lateinische *podex* mit seiner Kurzform »Po«, sowie der aus der Kindersprache kommenden Verdoppelung »Popo«. Damit sind wir bei den »vier Buchstaben« angelangt, die das offensichtlich Unsagbare extrem verhüllen.

Fast völlig vergessen ist, dass man dem Hinterteil früher eine fluchabwehrende Wirkung zuschrieb, was dazu führte, dass man böswilligen Verleumdern über Jahrhunderte den blanken Popo zeigte, was man **»blankziehen«** nannte, obwohl das ursprünglich das Ziehen des blanken Schwertes beschrieb.

In Sprichwörterlexika findet man häufig Redensarten mit dem Hauptwort »Hintern«, die im Alltag selbstverständlich mit »Arsch« gebildet werden. Dabei berücksichtigt man vielleicht, dass man in besseren Kreisen oder heiklen Situationen besser unverfänglich sagt **»Ich könnt' mir in den Hintern beißen!«** oder **»Man sollte ihm mal in den Hintern treten!«**.

Hummeln im Hintern haben, Pfeffer im Arsch haben

Bedeutung: sehr unruhig sein; nicht ruhig sitzen können; immerzu tätig sein

Hintergrund: In der Sprichwörtersammlung Martin Luthers steht noch **»Hummeln im Arsch«**, aber wegen der Alliteration hat sich hier der Hintern mit gutem Grund durchgesetzt. Die eifrigen Tiere, die man nimmermüde und früh im Jahr schon hin- und herfliegen sieht, stehen traditionell für die emsige Unruhe. Wer sie im Hintern hat, kann unmöglich ruhig sitzen. Das gilt genauso für Pfeffer, wobei dieser Ausdruck auch mit dem alten Trick der Pferdehändler zu tun hat, Pferden das Gewürz unter den Schwanz zu reiben. Aus Juckschmerz tänzeln sie dann unruhig, wodurch sie vital, heißblütig und jung wirken.

der Arsch geht einem auf Grundeis

Bedeutung: große Angst haben/zeigen

Hintergrund: Die Redensart vergleicht laute, knatternde Furz-Geräusche aus Angst mit dem Lösen des Grundeises von Seen und Flüssen im Frühjahr, das ebenfalls mit krachenden Geräuschen einhergeht.

Muffensausen haben, jemandem geht die Muffe/Düse, Schiss haben, sich in die Hosen scheißen

Bedeutung: große Angst haben/zeigen

Hintergrund: Das Gedärm vergleich man in diesen Wendungen mit einem Rohrsystem, dessen Endstück im Klempnerwortschatz als »Muffe« bezeichnet wird. Große Angst führt dazu, dass der Schließmuskel als Muffe versagt, sodass feste, flüssige und gasförmige Entweichungen geräuschvoll hervorkommen. Dazu passte auch das Bild der Düse, durch die etwas mit Druck hindurchgeht. Bei flüssigem Stuhlgang, der aus Angst »in die Hose geht«, spricht man auch von »Dünnschiss«, was sich zur Redensart verkürzte. »Dünnpfiff« gehört als spielerische Variante dazu.

Montezumas Rache

Bedeutung: Durchfall

Hintergrund: Der aztekische König, der in Deutschland Montezuma genannt wird, hielt 1519 dummerweise die spanischen Eroberer unter Hernan Cortez für göttliche Wesen. Er wurde ausgeplündert, getötet, sein Volk versklavt, soweit es nicht zu Tausenden an den von den Spaniern mitgebrachten Pocken starb. Als vor einem guten halben Jahrhundert Fernreisen zunehmend in Mode kamen, plagte viele der neuen Entdecker Lateinamerikas Diarrhöe. Mit einer Portion Humor nannten die durchfallgeplagten Touristen das »Montezumas Rache«, als habe der Azteke die Europäer damit spät, aber heftig bestraft.

damit kann man sich den Hintern/Arsch wischen

Bedeutung: das ist vollkommen wertlos, besonders von Schriftstücken gesagt

Hintergrund: Vor dem Siegeszug des Toilettenpapiers nahm man Gras, Blätter, belaubte Zweiglein, um sich den Hintern zu wischen. Erst spät im 18. Jahrhundert, als Papier langsam günstiger wurde, verwendete man dieses, vor allem Zeitungen. In jedem Fall handelte es sich dabei um sonst nicht zu Gebrauchendes, sprich: Wertloses.

jemanden in den Hintern/Arsch treten

Bedeutung: jemanden grob antreiben

Hintergrund: Tätigkeiten jeder Art vergleicht man sprichwörtlich gern mit einem Vorwärtsgehen; dazu passt die alte, früher oft vorkommende und sehr derbe Antreibegeste des Arschtritts, die heute freilich meist nur sprichwörtlich gebraucht wird.

Beweg deinen Arsch hierher!

Bedeutung: Komm her!

Hintergrund: Ohne den Menschen direkt als Arsch zu beschimpfen, zeigt die derbe Redensart doch mit dem vulgären Ausdruck Verachtung und verwendet »Arsch« zudem als eine Art Synonym für den Herbeizitierten. Allerdings sagt man in England launig klug: **»Move your ass and your mind will follow.«**

sich/jemandem den Arsch aufreißen

Bedeutung: sich mächtig anstrengen; jemanden brutal maßregeln / scharf zurechtweisen / kleinkriegen

Hintergrund: Die brutal klingende Redensart kam erst im 20. Jahrhundert auf, wohl im Bereich der Soldaten-, Ganoven- und Polizeisprache. Zwar behaupten manche Nachschlagewerke, das sei nie wörtlich gemeint gewesen, doch kam die demütigende Penetration von Untergebenen oder Strafgefangenen durchaus in den genannten Bereichen vor. Wegen dieser brutalen Strafpraxis kann sich die Redensart **»sich den Arsch aufreißen«** als Versuch, dem durch große Anstrengung zu entgehen, gebildet haben. Heute hat sich ein Zusammenhang damit vollkommen verloren.

im/am/für'n Arsch sein

Bedeutung: kaputt / völlig am Ende / wertlos sein

Hintergrund: Hier ging es ursprünglich um den Abfalleimer und die daraus entstandene Redensart **»etwas ist im Eimer«**. Da hinein wirft man Wertloses, Kaputtes. Als derbe Steigerung lag der Arsch nahe, zu-

mal es bereits die Redensart **»das passt wie der Arsch auf den Eimer«**
gab, da es sich beim Eimer um einen üblichen Nachttopf-Ersatz handelte. Die Verachtungsredensarten vom »Arschlecken« müssen ebenfalls
mitbedacht werden.

wie Arsch und Friedrich

Bedeutung: schlecht, wertlos

Hintergrund: Nicht selten hört man **»es schmeckt / klingt nach /
ist nur Arsch und Friedrich«**. Die Redensarten für mangelnde Qualität
haben auch ältere Varianten, so **»Das ist für den alten Fritz!«**, also
Friedrich II. von Preußen (1712–1786). Freilich findet sich der Ursprung
bereits im 15. Jahrhundert in der heute vergessenen Variante **»sich reimen wie Arsch/Hosen und Friedrich«**. Damit war offenbar der dama-
lige deutsche König und Kaiser Friedrich III. gemeint. Im dichterischen
Sinne reimen sich »Arsch und Friedrich« nicht, doch »reimen« hieß damals sehr oft »passen«. Der Arsch / die Hose und der deutsche Kaiser –
das passte extrem schlecht zusammen. Die Redensart verkürzte sich im
Lauf der Zeit, wurde auf andere berühmte Friedriche übertragen, und
die Bedeutung verengte sich auf »sehr schlecht«.

Leck mich am Arsch! Ja leckst mich am Arsch! Du kannst mir den Hobel blasen!

Bedeutung: derb verächtlicher Kraftausdruck; Hau ab! Lass mich in
Ruhe etc.

Hintergrund: Hier geht es ursprünglich um die bereits erwähnte
fluchabwehrende Macht eines nackten Hinterns, den man jemandem
entgegenstreckt. Das Lecken desselben – bis ins 18. Jahrhundert übrigens durchweg **»Leck mich im Arsch!«** – war erstens als Steigerung zu
verstehen und zweitens als Demutsgeste, die zur demütigenden wurde.
Angeblich mussten Hexen und Dämonen auf dem Blocksberg dem Teufel
den Hintern küssen. Andererseits sollte man dem Teufel als guter Christ
abwehrend den Hintern weisen und konnte ihn verächtlich auffordern,
»einen im Arsch zu lecken«.

Seit dem 18. Jahrhundert spätestens entstanden immer mehr Varianten, meist weniger derber Art, so Verkürzungen wie **»Ja, leckst mi!«**

oder **»Du kannst mich mal ...!«** oder Ersetzungen wie die mit dem Hobel, dessen Wangen ein wenig den Pobacken ähneln. Bei der Arbeit mit dem Hobel bläst man immer mal wieder die Späne weg. Spätestens im 19. Jahrhundert entwickelte sich aus dem Kraftwort ein vielfach einsetzbarer Überraschungs-, Empörungs- und eher lustiger Verstärkungsausdruck.

jemandem in den Arsch kriechen

Bedeutung: sich bei jemandem extrem anbiedern, sich sehr unterwürfig verhalten

Hintergrund: Die Redensart entwickelte sich als Steigerung zum demütigen Arschlecken, wobei sie auch auf den alten Ausdruck **»Kriecher«** für Unterwürfige aller Art anspielte. In England sagt man bildstark **»to brownnose someone«**.

einen (ganzen) Arsch voll

Bedeutung: eine ganze Menge

Hintergrund: Die Redensart bezieht sich auf die traditionsreiche körperliche Züchtigung, zu der **»ein Arsch voll Prügel«** gehörte, was als eine große Menge angesehen wurde, weil der Hintern breit ist und lange geprügelt werden kann. Von hier aus entwickelte sich die Bedeutung weiter zu »sehr viel«.

sich den Arsch abfrieren

Bedeutung: sehr stark frieren

Hintergrund: Im Unterschied zu den Extremitäten, bei denen in früheren Jahrhunderten Erfrierungen durchaus häufig vorkamen, ist das beim Hintern sehr unwahrscheinlich, weshalb sich die Redensart für extremes Frieren entwickelte. Außerdem ist »Arsch« ein Steigerungswort wie etwa in **»arschkalt«**.

sich auf den Hintern/Hosenboden setzen, auf halber Arschbacke

Bedeutung: angestrengt lernen/sich anstrengen; etwas lässig erledigen

Hintergrund: Der ursprünglich studentische Ausdruck kommt vom Lernen im Sitzen, kann heute aber auch andere Tätigkeiten beschreiben. Wer dabei nur halb auf dem Stuhl sitzt, ist offenbar halb woanders und nimmt die Sache (zu) lässig.

Schütze Arsch sein

Bedeutung: (verächtlich) Soldatenneuling

Hintergrund: In der Infanterie ist »Schütze« der unterste Dienstgrad, mit dem Rekruten ihre Laufbahn in aller Regel begannen. Länger Gediente, erst recht Unteroffiziere oder Offiziere, behandelten sie durchweg sehr verächtlich, nämlich wie »den letzten Arsch«.

Ein Arsch/Arschloch sein

Bedeutung: ein höchst verachtenswerter Mensch sein

Hintergrund: Der Mensch wird hier auf sein verachtetes Körperteil reduziert, was mit dem Zusatz »-loch« noch gesteigert werden kann, weil man dem Kot damit noch näher ist und also dem **»Scheißkerl«**.

die Arschbacken zusammenkneifen

Bedeutung: Mut fassen, sich disziplinieren, sich zusammenreißen

Hintergrund: Besonders in der derben Sprache soldatischer Ausbilder war der Ausdruck schon im späten 19. Jahrhundert beliebt. Sie forderten damit zu einer strammen, besonders aufrechten, disziplinierten Haltung auf. Gleichzeitig machten sie sich damit über Untergebene, die **»Schiss«** oder **»Muffensausen«** hatten, lustig. Diese sollten solche Angstreaktionen tunlichst durch Zusammenkneifen der Arschbacken verhindern.

keinen Arsch in der Hose haben (, aber »La Paloma« pfeifen)

Bedeutung: feige, lächerlich unmännlich sein (aber sich aufspielen)

Hintergrund: Der muskulöse Hintern zeichnet einen kraftvollen, mutigen Mann aus. Wer seine Hosen nicht ausfüllt, wird nicht ernst genommen, gilt als lächerlich, unreif, feige. Die Ergänzung bezieht sich auf Hans Albers und den Film »Große Freiheit Nr. 7«, in dem der berühmte Schauspieler einen sehr männlichen Seemann spielt, der »La Paloma« singt. Wenn nun ein Kerlchen ohne Arsch in der Hose Albers durchs Pfeifen des Liedes nachahmt, ist es besonders lächerlich.

Das passt wie der Arsch auf den Eimer!

Bedeutung: Das passt sehr gut!

Hintergrund: Bis weit ins 20. Jahrhundert benutzte man Eimer als eine Art Nachttopf, beispielsweise in Gefängnissen.

ein Arsch mit Ohren sein

Bedeutung: ein sehr verachtenswerter, lächerlicher Kerl sein

Hintergrund: Das Schimpfwort »Arsch« gibt es schon lange. Um den Ausdruck zu steigern, setzte man »mit Ohren« hinzu. Dabei konnte man sich auf den beleidigenden Spruch **»Alles was recht ist, aber der Arsch gehört in die Hose!«** beziehen, der das Gesicht eines Menschen mit dem verachteten Hinterteil gleichsetzt.

jemandem/etwas geht einem am Arsch vorbei

Bedeutung: Etwas ist extrem uninteressant, unwichtig, lässt kalt

Hintergrund: Als Steigerung von **»Leck mich am Arsch!«** bedeutet die Redensart, dass jemand selbst dafür zu gering geschätzt wird. Das übertrug man später auf unwichtige Dinge.

DER SCHOß

Erstaunlich, wie unterschiedlich dieser Ausdruck im sprichwörtlichen Gebrauch vorkommt: mal unschuldig, mal anstößig, mal religiös, mal männlich, mal weiblich! Das liegt an seiner ursprünglichen Bedeutung **»Ecke, Zipfel«**, die zu einer Bezeichnung für die zwischen den Beinen herunterhängende Rumpfbekleidung wurde, wie das Grimm'sche Wörterbuch erklärt. Von dort ausgehend übertrug man »Schoß« auf die damit verhüllte Körperregion. Sie bot im Sitzen einem Kind beispielsweise Zuflucht, Schutz und Geborgenheit. Sprichwörtlich bezieht sich das Wort besonders auf den Mutter- und Vaterschoß, aber auch auf Gottes oder Abrahams Schoß, die einem Liebe und Sicherheit, ja Seligkeit bieten können. Kinder, aber auch Tiere verhätschelte man dort, woraus das sprichwörtliche **»Schoßhündchen«** entstand.

Beliebt als unanstößiger Ausdruck für die primären Geschlechtsorgane der Frau, kann »Schoß« auch auf andere fruchtbare Gebiete oder Personifikationen wie die Erde, die Natur oder sogar den Nationalsozialismus übertragen werden; so in Bertolt Brechts Diktum: »Der Schoß ist fruchtbar noch, aus dem das kroch«.

die Hände in den Schoß legen

Bedeutung: untätig, faul, abwartend, zufrieden sein

Hintergrund: Die Geste ist seit alters her eine der positiven inneren Ruhe und Zufriedenheit. Dazu – verbunden mit niedergeschlagenen Augen – steht sie für Schüchternheit oder Überraschung. Heute wird sie unter dem Aspekt von Aufgaben und Verantwortung, die jemand scheut, durchweg negativ bewertet.

sicher wie in Abrahams Schoß, in Abrahams Schoß eingehen

Bedeutung: sehr sicher und angenehm geborgen; sterben

Hintergrund: Die Wendung bezieht sich auf den Erzvater Abraham, der nach langem Leben ins Paradies einging, und beruht auf dem Lukas-Evangelium 16, 22, wo es heißt, Lazarus »ward getragen von den Engeln in Abrahams Schoß«. Das führt zu einer Doppelbedeutung, die sich einerseits auf die selige Sicherheit dort bezieht, andererseits auf das Sterben.

etwas ist einem in den Schoß gefallen

Bedeutung: etwas Angenehmes ohne Zutun bekommen

Hintergrund: Bereits in der Antike sprach man bildlich von den **»Früchten der Arbeit«**. Im Kontrast dazu entstanden im späten Mittelalter Vorstellungen wie die vom Schlaraffenland, wo einem – ohne jegliches Zutun – die Früchte einfach in den Schoß fallen.

in den Schoß der Familie zurückkehren

Bedeutung: besonders in Bezug auf schwarze Schafe, Streithammel und verlorene Söhne verwendet, die nach Enttäuschungen und Irrwegen dort Zuflucht und Geborgenheit suchen

Hintergrund: Die Redensart schreibt der Familie als Gruppe oder Institution einen Schoß zu, der wie der Schoß einer Mutter als sichernd und bergend angesehen wird.

Die Extremitäten

Das hat Hand und Fuß!

»Es braucht starke Beine, um die Last eines glücklichen Tages zu tragen.«

(aus der Türkei)

DER ARM

Mit ihm kann man im Doppelsinn viel erreichen, und so steht der Arm seit Menschengedenken für Initiative, Macht, Einfluss, Stärke, Reichweite, aber auch für Abwehr oder Zuwendung im menschlichen Miteinander. Eine Übertragung auf personifizierte Institutionen wie das Gesetz oder Naturgegebenheiten wie den »Flussarm« liegt auf der Hand. Auch als Werkzeug- und Waffenarm sowie als schützender Arm von Vater oder Mutter findet er sich sprichwörtlich wieder. Der Gleichklang mit dem Adjektiv **»arm«** lud früh zu Wortspielen ein, die freilich nur gesprochen funktionieren, so beim Antisprichwort **»Besser arm dran als Arm/Bein ab«**. Gerade die Verbindung mit dem Bein ist traditionell sehr stark im sprichwörtlichen Gebrauch, was wohl mit alten rechtlichen Ausdrücken zu tun hat, die mit der Nennung von Armen und Beinen eine gewisse Vollständigkeit und überhaupt die ganze Person bezeichneten.

jemanden auf den Arm nehmen

Bedeutung: necken, foppen

Hintergrund: Hier wird jemand wie ein naives Kleinkind behandelt, das man noch auf den Arm nehmen und dem man alles weismachen kann.

jemanden mit offenen Armen empfangen, jemandem (zufällig) in die Arme laufen, jemanden jemandem in die Arme treiben

Bedeutung: jemanden herzlich/freudig empfangen; jemandem zufällig begegnen; jemanden in eine üble Lage drängen

Hintergrund: Geöffnete Arme können für denjenigen, der sich ihnen nähert, seit jeher zweierlei bedeuten: herzliche Willkommensgeste oder intensiver Ergreifungsversuch. Es macht eben einen Unterschied, ob man einem Freund oder der Polizeikontrolle begegnet. In beiden Fällen wird man mit offenen Armen empfangen. Die zweite Redensart bezieht sich auf eine zufällige Begegnung, bei der man sich zur Begrüßung umarmt, während die dritte Formulierung von der Treibjagd her stammt: Jemand wird wie Wild einem anderen zugetrieben.

jemandem unter die Arme greifen

Bedeutung: jemanden unterstützen

Hintergrund: Berühmt ist in der christlichen Welt, wie Moses (2. Moses 17, 10–12) bei seinem Gebet für einen Sieg der Israeliten nach einigen Stunden die erhobenen Arme sinken lassen muss, woraufhin sich sofort das Schlachtenglück gegen die Seinen richtet. Daraufhin greifen ihm seine Stellvertreter Aaron und Hur tatkräftig unter die Arme und stützen diese, bis der Sieg errungen ist. Auch in der Fechterpraxis seit dem 17. Jahrhundert griffen Sekundanten dem Fechter in den Pausen unter die Arme. Das machte die Redensart noch populärer, die sich wohl ganz direkt an der Vorstellung orientierte, dass man einem Erschöpften, Strauchelnden stützend unter die Arme greift.

jemandem in den Arm fallen

Bedeutung: jemanden akut in seiner Aktion hindern, behindern

Hintergrund: Da der Arm auch für Tätigsein und Aktion überhaupt und besonders beim Fechten steht, kann das Blockieren desselben als generelles Hindern an etwas verstanden werden. **»Fallen«** steht für die Plötzlichkeit und Entschiedenheit des Eingreifens.

einen langen Arm haben, der (lange) Arm des Gesetzes sein, jemandes verlängerter Arm sein

Bedeutung: sehr einflussreich sein, die Polizei oder die große Macht des Rechts sein, jemandes Stellvertreter oder ausführendes Organ sein

Hintergrund: Im Schwert- und Faustkampf besitzt der Kämpfer mit der größeren Reichweite einen entscheidenden Vorteil. Außerdem steht der Arm generell für Einfluss, der lange Arm also für einen bedeutenden Einfluss. Einen solchen bescheinigte man auch dem personifizierten Gesetz; die Polizei als ausführendes Organ nannte man ebenfalls **»Arm des Gesetzes«**. Wer für jemanden etwas erledigt, der erweitert dessen Aktionsradius und wirkt so als dessen **»verlängerter Arm«**. Diese Redensart verwendet man sowohl neutral beschreibend als auch abwertend.

jemanden am ausgestreckten/langen/steifen Arm verhungern lassen

Bedeutung: jemandem die dringend benötigte Unterstützung verweigern; jemanden durch Verweigerung von Unterstützung unter Druck setzen, um etwas zu erreichen

Hintergrund: Die Redensart beschwört das Bild eines übermächtigen Gegners herauf, der einen anderen fest im Griff hat, und mit seinen langen, starken Armen nicht an Nahrung herankommen lässt. Längst bezieht sich die Redensart auch auf emotional Stärkere etc.

sich einer Sache / jemandem in die Arme werfen

Bedeutung: sich einer Sache ganz hingeben, sich leichtfertig verlieben

Hintergrund: Meist verwendet man die Redensart heute negativ, verbindet man sie doch mit rein aus dem Gefühl heraus und überstürzt getroffenen Entschlüssen, wofür das **»werfen«** steht. Dahinter steht das Bild einer Liebesbezeugung, durch die man sich vollständig, auf Gedeih und Verderb, einem anderen hingibt.

Ellbogen beweisen/einsetzen/gebrauchen

Bedeutung: Stärke bzw. Rücksichtslosigkeit zeigen

Hintergrund: Im Gedränge können die spitzen Ellenbogen als eine Art Werkzeug oder gar Waffe eingesetzt werden, um sich Raum und freie Bahn zu verschaffen. Das beweist einerseits Durchsetzungsvermögen, andererseits Rücksichtslosigkeit.

die Ellbogen frei haben müssen

Bedeutung: Bewegungsfreiheit brauchen; sich nicht binden wollen

Hintergrund: Sprichwörtlich wurde auch die **»Ellbogenfreiheit«**, was ganz wörtlich als Bedürfnis nach Bewegungsfreiheit zu verstehen ist, im übertragenen Sinn aber auch als Bindungsunlust, da man niemandem seinen Arm hinstrecken möchte.

DIE HAND

Als vielseitig einsetzbares Werkzeug, rechtliches und »schlagendes« Symbol wurde die Hand Bestandteil Tausender sprichwörtlicher Redensarten. Die meisten Kulturen bewerten wegen der statistisch größeren Häufigkeit von Rechtshändern die beiden Hände unterschiedlich, was man heutzutage zwar **»mit links«** abtun könnte, was in den sprichwörtlichen Redensarten aber unausrottbar ist und feiner differenziert, als man gemeinhin denkt. Keineswegs wertet man die Linke immer bloß ab. So sagt man in einigen Subsahara-Staaten: **»Übe mit der Linken, solange du die Rechte hast.«**

Eine komplexe Bedeutungsfülle findet sich gerade in den Bewegungen der Hand. Schon die einfache Geste, die Hand auf etwas zu legen, bedeutet im traditionellen Recht der Deutschen einen verbindlichen Besitzanspruch sowie das Versprechen von Schutz, wohingegen die gleiche Geste in der Kindererziehung eine der Zuwendung, im medizinischen Bereich und im Aberglauben eine der Heilung darstellt, im religiösen eine des Heilens wie des Segnens.

Die Hand führt Waffen und ist selbst eine. Genau das macht sie aber auch als Friedenssymbol geeignet. Die offene, erhobene Hand ist vielleicht der älteste Gruß der Welt, doch die Menschen formen mit den Händen noch allerlei weitere Gesten für Willkommen und Abschied: So kreuzen sie die Hände vor der Brust, legen die Handflächen aufeinander und produzieren mit Verbeugung ein *Namaste*, strecken sie am abgewinkelten Arm seitlich in die Höhe oder legen sie in die des anderen. Dazu kommen viele Dutzend weitere Gesten der Zustimmung, Ablehnung, Freude, Trauer, Klage, des Erstaunens etc., die ein eigenes Buch füllen würden. Dass man mit den Händen eine eigene Sprache sprechen kann, wissen nicht nur Taubstumme.

Die Hand symbolisiert die Souveränität von Personen und ihre Unabhängigkeit, was *ex negativo* besonders Redensarten wie **»mir sind die Hände gebunden«** bestätigen. Wer sich dagegen ihrer frei bedienen kann, der nutzt sie für den Eid – **»Hand aufs Herz«** – und legt damit letztlich seine ganze Person samt Ruf in die Waagschale des Rechts.

Hand aufs Herz!, Hand aufs Herz?

Bedeutung: Ganz ehrlich! Auf Ehre und Gewissen!, Wirklich wahr? Ganz ehrlich?

Hintergrund: Das Schwören hat sich, obwohl es laut einer Aussage Jesu gänzlich unterbleiben sollte, bis heute als rituelle Bekräftigung gehalten. In vielen Kulturen legt man beim Schwur die Hand an oder auf etwas, z.B. auf die Bibel, aber es gab auch die Sitte, den Schwertgriff anzufassen, Heiligenreliquien oder die Hand – meist die rechte – auf die Herzgegend zu legen. Die Geste sieht man bis heute in Klassenzimmern oder bei Sportveranstaltungen, wenn die Nationalhymne gespielt wird. Wie die Geste bekräftigte die Redensart das Gesagte. Man verwendet sie bei uns gern, besonders oft gegenüber Kindern oder Jugendlichen, um den Wahrheitsanspruch des Gesagten zu ergründen, nach dem Motto: »Könntest du dafür wirklich mit der Hand auf dem Herzen schwören?«

für jemanden seine Hand ins Feuer legen, ein heißes Eisen anfassen

Bedeutung: für jemanden nachdrücklich bürgen, seine Verlässlichkeit bezeugen; etwas Heikles wagen; einen heiklen Punkt ansprechen

Hintergrund: Zu den Gottesurteilen seit dem hohen Mittelalter gehört eine Feuerprobe. Bei dieser muss der Verdächtige die Hand in eine offene Flamme halten. Verletzt er sich nicht oder nur unerheblich, gilt er als unschuldig bzw. das Behauptete als wahr. Mit dieser Probe konnte man auch für andere bürgen. Eine Variante ist, ein heißes Eisen anzufassen.

Wahrscheinlich half der Beliebtheit der Redensart auch eine in der Erziehung über Jahrhunderte beliebte Geschichte aus der Antike. Als der Etruskerkönig Porsenna Rom belagerte, schlich sich Gaius Mucius nachts in sein Lager, um ihn zu töten. Man fasste ihn, und der König fragte, ob alle Römer so mutig seien. Als Antwort hielt Gaius Mucius seine Rechte in die Flamme eines Kohlebeckens und ließ sie verbrennen, ohne zu schreien. Das beeindruckte den Porsenna so sehr, dass er den Römer freiließ und die Belagerung abbrach. Seitdem nannte man Gaius Mucius in Rom »Scaevola«, was »Linkshand« bedeutete, weil er seine Rechte für die Stadt ins Feuer gehalten hatte.

etwas hat Hand und Fuß

Bedeutung: etwas ist durchdacht, in Ordnung, funktioniert

Hintergrund: Im traditionellen deutschen Recht standen die rechte Hand als Schwurhand und der linke Fuß, mit dem man üblicherweise ein Pferd bestieg, für den ehrenhaften Mann. Bei schweren Vergehen schlug man sie ab. So heißt es in einer Kriegsordnung des 16. Jahrhunderts: »… bei verbußung der rechten hand und des linken fuß.« Wer beides hatte, war in weitesten Sinn in Ordnung, komplett, verlässlich.

um jemandes Hand anhalten

Bedeutung: die Eltern einer Frau um ihre Einwilligung zur Ehe bitten

Hintergrund: Die Redensart ist erstaunlicherweise bis heute beliebt, obwohl niemand mehr die Erlaubnis zu heiraten bei den Eltern, meist dem Vater, einholen muss. Doch Jahrhunderte war das üblich und rechtsverbindlich. Die Tochter durfte ihre Hand, die stellvertretend für ihre Person stand, niemandem selbst zum Ehebund reichen, weil sie unter der Rechtsaufsicht des Vaters stand.

in festen/guten Händen sein

Bedeutung: mit jemandem dauerhaft liiert sein / in guter Obhut sein

Hintergrund: Hinter der Redensart von den festen Händen stand über Jahrhunderte das Bild der sicher und kraftvoll zupackenden Hände, die auch den sicheren Besitz von etwas bezeichnen konnten. Erst vor gut 100 Jahren kam die Bedeutung »vergeben sein«, »mit jemandem liiert sein« auf. Bei einer Beziehung hofft man immer, **»in guten Händen zu sein«**, was auf die Schutz- und Sorgefunktion der Hände anspielt.

jemanden auf den Händen tragen

Bedeutung: jemanden außergewöhnlich zuvorkommend/liebevoll behandeln, früher zumeist von einem Mann einer Frau gegenüber gesagt

Hintergrund: Der Ausdruck geht auf die Bibel zurück. So heißt es in Psalm 91, 11–12: »Denn er hat seinen Engeln befohlen über dir, [...] dass sie dich auf den Händen tragen.« Besonders im Zusammenhang mit dem Ritual des Über-die-Schwelle-Tragens der Braut bezog man ihn lange Zeit aktiv auf den Mann und passiv auf die Frau.

von der Hand in den Mund leben

Bedeutung: ärmlich leben; das Verdiente gleich wieder ausgeben müssen

Hintergrund: Die Redensart beschreibt arme Menschen, die ihren Verdienst sofort wieder für das Lebensnotwendige ausgeben müssen und nichts zurücklegen können.

etwas mit Kusshand nehmen / etwas mit Handkuss nehmen

Bedeutung: etwas sehr erfreut nehmen

Hintergrund: Ursprünglich bedeutete **»mit Kusshand«** nicht dasselbe wie **»mit Handkuss«**. Die zweite Wendung hieß, jemandem aus Dankbarkeit für etwas, das er gibt, ehrerbietig die Hand küssen. Die erste beschrieb dieselbe Situation, aber nun stand der Geber so weit über dem anderen, dass man ihm nicht einmal die Hand küssen durfte, weshalb man sich als Zeichen des Dankes nur selbst die Hand oder die Fingerkuppen küsste. Daraus entstand ein allgemeines Zeichen des Gefallens und Vergnügens. Bis heute tun es auch Verliebte, Verwandte, Freunde, die so Küsse in die Ferne schicken.

im Handumdrehen / kurzerhand, da dreh ich die Hand nicht um, vorderhand

Bedeutung: sehr rasch, das ist mir gleich, vorläufig

Hintergrund: Wie der sprichwörtliche Augenblick ist auch das rasche Handumdrehen ein überzeugender Ausdruck für extreme Kürze der Zeit. Wofür man nicht einmal die Hand umdreht, das ist einem egal. Was direkt vor der Hand liegt, ist das direkt Greifbare, Vorläufige, steht es doch im Gegensatz zu dem von langer Hand Vorbereiteten.

in der Hinterhand sein, etwas in der Hinterhand haben

Bedeutung: den Vorteil haben, in Kenntnis der Handlungen anderer handeln zu können; etwas in Reserve / noch einen Trumpf haben

Hintergrund: Besonders oft hört man – außer im Zusammenhang mit Pferden – »Hinterhand« beim Kartenspiel, wobei das Wort den Spieler bezeichnet, der als letztes seine Karte zu legen hat und damit häufig im Vorteil ist. Die zweite Redensart bezieht sich höchstwahrscheinlich auf dieselbe Situation, wobei hier an einen Spieler in Hinterhand zu denken ist, der seinem Spielpartner mit einer hohen Karte etwas Gutes zukommen lassen, ihn »schmieren« kann. Frühere Erklärungen, die Redensart gehe auf hinter dem Rücken versteckte Zwei- oder Kurzschwerter zurück, sind nicht sehr überzeugend.

von langer Hand vorbereiten

Bedeutung: gründlich und geduldig vorbereiten

Hintergrund: Ursprünglich ein Ausdruck für weitreichende Macht, entwickelte sich die **»lange Hand«** auch zum Ausdruck für eine lange Phase intensiver und insofern auch gründlicher Vorbereitung.

etwas / das Heft in die Hand nehmen

Bedeutung: etwas anpacken, die Verantwortung/Initiative übernehmen

Hintergrund: Die Hand steht symbolisch für Tatkraft und Aktion. In Verbindung mit »Heft«, womit der – oft aus zwei Hälften zusammengeheftete – Schwertgriff gemeint ist, wird die Redensart zu einer ursprünglich kämpferischen. Heute besagt sie nur noch, dass jemand tatkräftig Verantwortung und Führung übernimmt.

seine Hände in Unschuld waschen

Bedeutung: erklären, dass man keine Schuld oder Verantwortung an einer Sache hat

Hintergrund: In der Bibel kommt rituelles Händewaschen oft als Zeichen dafür vor, an etwas nicht schuld zu sein. Für die Redensart ist das Händewaschen des Pontius Pilatus im Neuen Testament besonders wichtig, der damit alle Schuld am Kreuzestod Jesu von sich weist. Das bewerteten Theologen und viele Gläubige als eine Art von Ausflucht und Feigheit, was der Wendung bis heute eine meist negative Bedeutung gibt.

saubere/schmutzige Hände haben

Bedeutung: unschuldig/schuldig sein

Hintergrund: Schmutz verbindet man seit Langem mit Schuld, wie auch die Redewendung **»Dreck am Stecken haben«** belegt, Sauberkeit dagegen mit Unschuld, wie der Ausdruck **»ein reines Gewissen«** zeigt. Da die Hände für Verantwortung und Tatkraft stehen, zeigt ihre Reinheit oder Beschmutzung Schuld oder Unschuld an.

Eine Hand wäscht die andere.

Bedeutung: Ein Gefallen verdient wiederum einen Gefallen. Hier herrscht Filz.

Hintergrund: Das international bekannte Sprichwort ist eine wörtliche Übersetzung des lateinischen **»manus manum lavat«**, das schon im 1. Jahrhundert unserer Zeitrechnung dasselbe bedeutete. Die beiden fürs Waschen nötigen Hände repräsentieren dabei zwei Menschen, die einander durch gegenseitige Gefälligkeiten verbunden sind. Damit konnte das Sprichwort auch auf Filz und Korruption übertragen werden.

die Oberhand haben/behalten/gewinnen

Bedeutung: stärker sein/bleiben; sich durchsetzen

Hintergrund: Der Ausdruck kommt aus der Ringersprache. Wer oben ist und mit seiner Hand den Gegner niederhalten kann, siegt.

sich mit Händen und Füßen gegen etwas/jemanden wehren

Bedeutung: sich sehr intensiv wehren

Hintergrund: Dienen die Hände üblicherweise allein schon der Abwehr, sei es in Gesten oder Schlägen, so steht der ungewöhnliche zusätzliche Einsatz von Füßen sprichwörtlich für jemanden, der in verzweifelter Lage ist. Schon in der Bibel kommen Hände und Füße stellvertretend für den ganzen Körper vor.

jemandes rechte Hand sein

Bedeutung: jemandes Vertrauter / engster Mitarbeiter sein

Hintergrund: Ein Mitarbeiter wird hier für genauso wichtig und fähig erklärt wie die – in der Regel – stärkere und fähigere rechte Hand eines Menschen. Außerdem steht die Rechte für einen Menschen selbst, weshalb sie auch Stellvertreter bezeichnen kann.

zwei linke Hände haben (und daran nur Daumen)

Bedeutung: sehr ungeschickt sein

Hintergrund: Die Redensart geht auf die Tatsache zurück, dass die meisten Menschen Rechtshänder sind und ihre Linke nicht sehr geschickt gebrauchen können. Der Daumen gilt als Finger fürs Grobe. Die Ergänzung verstärkt so die Aussage noch.

die rechte Hand nicht wissen lassen, was die linke tut

Hintergrund: ohne Hintergedanken, aus freiem Herzen etwas – meist Gutes – tun

Bedeutung: Das geflügelte Wort stammt aus der Bibel. Das Matthäus-Evangelium kritisiert im Kapitel 6 Spenden aus Eitelkeit und empfiehlt dagegen ein vor sich selbst »verheimlichendes« Handeln im Vers 3: »Wenn du aber Almosen gibst, so lass deine linke Hand nicht wissen, was die rechte tut …«

etwas mit links, aus dem Handgelenk / aus der Lamäng machen

Bedeutung: etwas nebenbei / spontan / mit Leichtigkeit erledigen

Hintergrund: Die Redensart verdankt sich der Tatsache, dass die linke Hand bei den meisten weniger geschickt ist. Reicht sie für eine Tätigkeit aus, ist diese wenig anspruchsvoll. Ähnlich sieht es aus, wenn schon eine kleine, rasche Bewegung aus dem Handgelenk genügt, also ohne Beteiligung des ganzen Armes. Der gleichbedeutende umgangssprachliche Ausdruck **»aus der Lamäng«** geht auf das lustig schludrig ausgesprochene *la main*, französisch für »die Hand«, zurück. Was man vorbereitungslos »aus der Hand« machen kann, ist leicht zu erledigen.

Die Linke kommt von/vom Herzen.

Bedeutung: Floskel, um eine Behinderung der rechten Hand beim Handschlag zu überspielen

Hintergrund: In vielen Ländern reicht man sich zur Begrüßung die Rechte. Ist diese verletzt, verbunden o. Ä., gibt man die linke Hand und kommentiert das mit der stehenden Wendung, um die Ungewöhnlichkeit zu überspielen.

mit leeren Händen (dastehen)

Bedeutung: erfolglos/ergebnislos sein; kommen, ohne etwas mitzubringen

Hintergrund: Wer für seinen Dienst keinen Lohn oder von der Beute bei Kriegszügen keinen Anteil bekam, der stand im Wortsinn »mit leeren Händen da«. Ohne eine Gabe, wenigstens ein Mitbringsel, zu einer Einladung zu kommen, gilt als unhöflich.

eine lockere Hand haben

Bedeutung: zum Schlagen neigen; wenig diszipliniert handeln; eine unverkrampfte Haltung haben

Hintergrund: Während die feste Hand für Tatkraft und Disziplin steht, steht die lockere für den Mangel daran, was hier auf eine Neigung zum Schlagen bezogen wird. Das Lockere widerspricht außerdem Regelhaftigkeit und Genauigkeit, kann freilich auch positiv eine ungezwungen leichte Art meinen.

jemandem rutscht die Hand aus

Bedeutung: jemand schlägt einen anderen

Hintergrund: Die etwas antiquierte Redensart gehört zu den Euphemismen, also beschönigenden Ausdrücken. Ein Schlag wird beschrieben, als wäre die Hand bloß aus ihrer richtigen Bahn geglitten.

etwas händeringend suchen

Bedeutung: etwas verzweifelt suchen

Hintergrund: So, wie sich beim sportlichen Ringen die Körper umeinander winden, so windet einer, der **»die Hände ringt«**, seine Finger verzweifelt umeinander. Die schon in der Antike bekannte Klagegeste ist seit dem 18. Jahrhundert nur noch sprichwörtlich und hat sich, vielleicht weil man dabei die Hände intensiv einsetzt, sehr stark mit dem Suchen verbunden.

die Hände über dem Kopf zusammenschlagen

Bedeutung: über etwas entsetzt sein

Hintergrund: Die veraltete, früher tatsächlich vollführte Verwunderungsgeste, oft mit zurückgebeugtem Kopf, konnte im 16. Jahrhundert noch Überraschung im positiven und negativen Sinne ausdrücken.

ein Handlanger sein

Bedeutung: ein Helfershelfer sein, besonders ein untergeordneter

Hintergrund: Ursprünglich war ein Handlanger ein Zuarbeiter im Bauhandwerk; **»langen«** heißt ja auch »reichen«, und so reichte der »Handlanger« dem Maurer beispielsweise Mörtel. Ab dem 17. Jahrhundert entwickelte sich zunehmend die heutige, übertragene Bedeutung.

jemandem sind die Hände gebunden

Bedeutung: jemand kann wegen äußerer Umstände nicht so handeln, wie er möchte

Hintergrund: Eigentlich scheint die Sache klar: Wem die Hände gebunden sind, der kann nicht handeln, wie er möchte. Dahinter stecken freilich frühmittelalterliche Unterwerfungsgesten von in der Tat mit Seilen Gebundenen, die sich so in die Hände eines Mächtigen begaben.

Diese Unterwerfungsgeste kam auch im Lehnswesen vor, wobei dort das Binden eines Lehnsnehmers nur sehr symbolisch geschah, und meist durch die Demutsgeste des Kniens mit gefalteten Händen ersetzt wurde. Der stehende Lehnsherr umfasste diese dann mit seinen Händen. In jedem Fall befanden sich diese Menschen in einer Abhängigkeit: Sie waren nicht mehr frei, sondern der Entscheidungsmacht eines anderen unterworfen.

sich in jemandes Hände begeben, sein Schicksal in jemandes Hände legen

Bedeutung: sich jemandem voll und ganz anvertrauen

Hintergrund: Bei der Lehnsübertragung und anderen Akten der Ergebung oder Unterwerfung kniete der um Schutz oder Land Bittende in der Regel und erhob seine gefalteten Hände, die der Schutzgewährende mit seinen umfasste. So legte man seine Hände, die ja auch für die eigene Souveränität und Person standen, in die eines Mächtigeren.

etwas ist zur / bei der Hand

Bedeutung: etwas ist griffbereit, benutzbar, naheliegend

Hintergrund: Was ganz wörtlich nahe zur, also bei der Hand liegt, ist damit auch sehr leicht und rasch zu handhaben.

(mit) Hand anlegen, letzte Hand anlegen, Hand an sich legen

Bedeutung: mithelfen, züchtigen; etwas den Feinschliff geben; sich selbst töten

Hintergrund: Beim Hand-Anlegen geht es erst einmal nur darum, dass jemand die Hände rührt und mithilft. Dazu kommt, dass man als abschließenden Arbeitsschritt einem Werkstück den Feinschliff verleiht, was man auch **»letzte Hand anlegen«** nennt. Die Hand steht allerdings auch für die Gewalt, die jemand ausübt, und so kann **»Hand an jemanden legen«** auch bedeuten, jemanden zu schlagen. Daraus entstand der verhüllende Ausdruck für Suizid. Hier legt dann jemand Hand an sich selbst.

hinter vorgehaltener Hand

Bedeutung: heimlich, inoffiziell, unter dem Siegel der Verschwiegenheit

Hintergrund: Die heute noch auf vielen Fußballplätzen zu beobachtende Handhaltung ermöglicht es, einem anderen etwas heimlich zu sagen, ohne dass es ihm von den Lippen abgelesen werden kann.

seine Hände im Spiel haben, jemandem (etwas) in die Hand/Hände spielen

Bedeutung: mitwirken/betrügen; jemanden unterstützen, jemandem etwas wie zufällig zukommen lassen

Hintergrund: Die Redensart kommt tatsächlich vom Spielen, besonders dem Kartenspiel her, wurde aber im übertragenen Sinn für Tätigkeiten allgemein verwendet. Wer beim Kartenspiel seine Finger allzu geschickt einsetzt, betrügt. Er kann seinem Komplizen etwas geschickt und damit wie zufällig **»in die Hände spielen«.** Das ähnelt Taschenspielertricks, stellt freilich auch eine Art Hilfe dar.

unter der Hand

Bedeutung: heimlich, betrügerisch

Hintergrund: Zu den Taschenspieler- und Diebestricks gehörte allerlei, was man mit der Hand verdeckt tat, beispielsweise Karten oder Waren austauschen. Wer **»unter der Hand«** etwas anbietet, der tut es also heimlich.

unter den Händen

Bedeutung: akut, aktuell, in der Obhut

Hintergrund: Wenn ein Maler ein Gemälde **»unter den Händen hat«**, arbeitet er gerade daran. Was einem **»unter den Händen zerrinnt«**, verliert man im Nu, wie Wasser durch die Finger rinnt, und wenn einem ein Mensch **»unter den Händen stirbt«**, so tut er das, obwohl man sich gut um ihn kümmert.

zu treuen Händen

Bedeutung: etwas zur guten, sorgsamen Verwahrung/Behandlung anvertrauen

Hintergrund: Die oft auch heiter ironisch gebrauchte Redensart verdankt sich der schützenden und sorgenden Bedeutung der Hände.

ein (glückliches) Händchen für etwas haben

Bedeutung: geschickt in etwas sein; Talent haben und Glück

Hintergrund: Wer ein großes Lob oder Komplimente ausspricht, verwendet oft Verkleinerungsformen, wohl um etwas abzuschwächen und damit glaubwürdiger zu sein – der Geliebten etwa attestiert man ein »entzückendes Näschen«. Das »Händchen« steht hier für eine außergewöhnliche Fertigkeit, die außer auf Übung, Geschick und Talent oft auch auf eine Art von Segen zurückgeführt wird.

Hand in Hand arbeiten/gehen, Hand in Hand mit etwas gehen

Bedeutung: reibungslos funktionieren / gut kooperieren; mit etwas verbunden sein / einhergehen

Hintergrund: Zuerst geht es um Arbeiter, die gemeinsam in gutem Rhythmus und mit vereinten Kräften arbeiten, sodass eine Hand der anderen genau zur rechten Zeit etwas reicht. Dann hat man an Liebespaare zu denken, die harmonisch Hand in Hand gehen, was man heiter-ironisch als **»Händchenhalten«** bezeichnet. Früher taten das bei uns durchaus auch Männer als Zeichen von Einverständnis und Freundschaft. Diese Bedeutung ließ sich leicht auf gesellschaftliche Entwicklungen, die gemeinsame Politik von Staaten usw. übertragen.

die Hand nicht vor Augen sehen können

Bedeutung: Es ist sehr dunkel.

Hintergrund: Bereits im 17. Jahrhundert kam die Redensart auf, die eine besondere Dunkelheit beschreibt, bei der man nicht einmal etwas so Nahes wie die Hand vor den eigenen Augen sieht.

die Hände in den Schoß legen

Bedeutung: nichts tun; sich heraushalten

Hintergrund: Der Schoß im eigentlichen Sinn ist der Winkel zwischen Unterleib und Beinen, der im Sitzen gebildet wird. So bezeichnet die Redensart einen untätig Sitzenden, der zudem die Hände nicht rührt.

handverlesen

Bedeutung: besonders qualitätvoll

Hintergrund: Mit Sieben und anderen mechanischen Hilfsmitteln sortierte man schon früh Waren und Nahrungsmittel sehr schnell und rationell. Im Gegensatz dazu stand das Ausleseverfahren mit der Hand, bei der jedes einzelne Stück geprüft und nur die beste Ware ausgewählt wurde.

jemandem aus der Hand fressen / handzahm sein

Bedeutung: sehr gefügig/unterwürfig sein

Hintergrund: Bei der Zähmung von Tieren, besonders von Vögeln, versuchte man über Jahrhunderte hinweg, diese »kirre« zu machen, was mittelhochdeutsch »zahm« bedeutet. Sie mussten fressen, was der Mensch ihnen gab, oder sterben. Waren sie **»handzahm«**, fraßen sie ihren Besitzern auch aus der Hand.

aus erster/zweiter Hand, durch viele Hände gegangen sein

Bedeutung: direkt/indirekt; oft den Besitzer gewechselt haben

Hintergrund: Vor allem beim Verkauf von Pferden stellt es einen deutlichen Qualitätsunterschied dar, ob eines vom ersten oder zweiten Besitzer kommt, da der Vorbesitzer es schon geprägt hat und dazu ein schlechter Herr gewesen sein kann. Auch sonst stellt sich mit der Menge der Vorbesitzer eine Wert- und Qualitätsminderung ein. Das übertrug man rasch von Waren auf Nachrichten bzw. Informationen und sogar auf Liebespartner.

mit der fünfzinkigen Gabel essen

Bedeutung: mit der Hand essen (ironisch, spöttisch)

Hintergrund: Die Redensart vergleicht die Hand mit einer Gabel, die statt der üblichen zwei, drei oder vier Zinken sogar fünf Zinken – die Finger nämlich – habe.

DIE FINGER, FAUST UND NÄGEL

Fingerspiele kann man schon mit Säuglingen spielen. Dabei lernen sie, dass jeder einen eigenen Namen hat: »Das ist der Daumen, der pflückt die Pflaumen ...«. Zeige- und Ringfinger tragen im Namen sogar ihre Funktion. Die Rillen auf der Unterseite der Fingerkuppen stehen wie kaum etwas anderes für die Individualität jedes einzelnen Menschen und seine Identifizierbarkeit. Wesentlich älter als das Wissen um diese Möglichkeit ist die Vorstellung, dass die Finger Fluch und Segen bringen können. International berühmt ist der **»Stinkefinger«**, doch fast ebenso verbreitet ist von alters her die Gabel- oder Horngeste mit Zeigefinger und kleinem Finger, die seit Jahrzehnten auch Heavy-Metal-Fans zeigen. Als Werkzeuge sind uns die Finger – ob beim Schleifen oder beim Klavierspiel – so unentbehrlich wie als Ausdrucksmittel mit ganz entschiedenem Verweischarakter, wie der Begriff **»Fingerzeig«** schon zeigt, und der **»erhobene Zeigefinger«** als Mahninstrument erst recht.

Als eine Art Krallenrest sitzen vorn an ihnen die Nägel, ohne die man sich oder andere nicht gut kratzen könnte. Gefährlich sind sie kaum, sieht man von der Gefahr ab, sie mit den Nägeln zu verwechseln, die man mit dem Hammer einschlägt.

Zusammen mit der Hand bilden die Finger unser schlagkräftigstes Argument: die Faust. Sie steht wie die Finger übrigens auch unter anderem für Maßeinheiten wie faustdick und fingerstark.

sich etwas aus den Fingern saugen

Bedeutung: sich etwas ausdenken, lügen

Hintergrund: Bei dieser Redewendung laufen eine ganze Reihe von Vorstellungen zusammen. Ganz direkt beobachtbar ist, dass Menschen

beim Nachdenken oft einen oder mehrere Finger an den Mund legen. Dadurch scheint es, als sögen sie sich etwas aus den Fingern. Zudem bringt man seit alters die Finger mit dämonischen Kräften in Verbindung. Das verknüpfte sich mit Vorstellungen, die spätestens seit dem späten Mittelalter existierten, dass nämlich Finger etwas mitteilen und Ratschläge geben könnten. Diese dämonischen, aus den Fingern kommenden Botschaften beurteilte die Kirche natürlich negativ, wodurch die Bedeutung »gelogen, bloß ausgedacht« entstand. Nicht zuletzt gibt es Legenden und Sagen, welche die Redewendung stützen, etwa über Moses und Abraham, die sich als Säuglinge mit Milch aus den eigenen Fingern nähren konnten. Diese Geschichten wurden beeinflusst durch die seit der Antike bekannte Behauptung, dass Bären sich in der Zeit des Winterschlafs durch das Saugen einer Nährmilch aus ihren Pfoten ernährten. Das übertrug man auf Dichter, die kraft ihrer Fantasie Literatur schufen. Goethe schrieb dazu: »Dichter gleichen Bären, die stets an eignen Pfoten zehren.« Als die Geschichte von den Bären in Vergessenheit geriet, wurden aus den Pfoten »Finger«.

Übrigens findet sich auch im Englischen der gleichbedeutende Ausdruck **»to suck a thing out of one's fingers ends«**.

etwas im kleinen Finger haben, mein kleiner Finger hat es mir gesagt

Bedeutung: etwas ahnen / etwas gründlich beherrschen; eine Quelle nicht preisgeben wollen; etwas als eine Art Eingebung erfahren haben

Hintergrund: Der kleine Finger ist laut Volksglaube unter seinen »Kollegen« der klügste, gesprächigste und passt außerdem ausgezeichnet in den Gehörgang. Aufgrund dieser Eigenschaften kann er einem angeblich Geheimnisse verraten, die eben im kleinen Finger stecken. Manch einer prahlt deshalb auch, mehr Verstand/Fähigkeiten im kleinen Finger zu haben als andere im ganzen Kopf oder in der ganzen Hand.

den Finger in die Wunde legen

Bedeutung: eine heikle/entscheidende Sache ansprechen

Hintergrund: Hier verbindet sich die biblische Geschichte vom ungläubigen Thomas, der an die Auferstehung Jesu erst glauben konnte, als er seinen Finger in dessen Seitenwunde legen durfte, mit der schon mittelalterlichen Vorstellung, dass Wunden auch seelisch verstanden werden können. Wie eine physische Wunde schmerzt auch eine psychische, wenn man sie berührt.

durch die Finger sehen

Bedeutung: nachsichtig sein/urteilen, besonders bei unkorrektem Verhalten

Hintergrund: Die alte Geste, eine Hand mit gespreizten Fingern vors Gesicht zu halten, kannte man allgemein im späten Mittelalter und weit danach als Zeichen für eine Reduktion des genauen, strengen, kritischen Sehens. Heute ist sie so gut wie ausgestorben.

seine Finger im Spiel haben *siehe* seine Hand im Spiel haben S. 135

jemandem auf die Finger sehen

Bedeutung: jemanden kritisch prüfend im Blick behalten

Hintergrund: Besonders wegen der Taschen- und Falschspieler riet man, auf deren Finger zu sehen, um sich nicht betrügen zu lassen. Von hier aus übertrug man die Redensart auf alle Situationen, bei denen jemand nicht vertrauenerweckend ist oder arbeitet.

mit Fingern auf jemanden zeigen, einen Fingerzeig geben

Bedeutung: jemanden/jemandes Verhalten anprangern/bloßstellen; einen Hinweis geben

Hintergrund: Mit der Hand samt ausgestrecktem Zeigefinger auf jemanden zu zeigen, ist eine alte Rechtsgeste der Anklage. Man verstand sie schon seit dem 16. Jahrhundert als eine derbe Art, jemanden bloßzustellen, woraus sich die zunehmend vorwurfsvolle Bedeutung erklärt. Dagegen gilt üblicherweise der **»Fingerzeig«** als kleinere, diskrete und nicht immer direkt zu interpretierende Geste, die längst meist nur noch ein verbaler Hinweis ist.

sich alle zehn Finger danach lecken/abschlecken

Bedeutung: etwas sehr gern haben wollen

Hintergrund: Zum Teil bis heute isst man zuweilen mit den Fingern und schleckt – ein intensives Wort für »lecken« – sich, schmeckt es besonders gut, die Finger danach ab, um nichts von dem Leckeren verkommen zu lassen. Die Geste des Genusses übertrug man auf alles Mögliche, das man ebenso gern genießen würde.

jemandem die Daumen drücken, Daumen hoch bzw. rauf/runter!

Bedeutung: jemandem Glück wünschen; sehr gut / sehr schlecht!

Hintergrund: Das Daumenhalten oder -drücken mit den anderen Fingern ist uralt. Als magische Geste sollte sie schon in antiker Zeit die dämonische Macht des Daumens bannen und andere vor üblen Einflüssen durch diesen »fluchmächtigen« Finger bewahren. Damit zeigte man jemandem indirekt sein Wohlwollen, was dann alleiniger Sinn der Geste wurde.

Durch Historiengemälde, Romane und Filme verbreiteten sich ab dem späten 19. Jahrhundert angeblich römische Gnaden- und Todesgesten bei Gladiatorenkämpfen: Hielten Herrscher und Publikum den Daumen nach unten, habe das **»das Schwert«** und also **»Tod«** bedeutet, der zwischen die anderen Finger eingeschlagene Daumen dagegen Glück und damit **»Gnade«**. Allerdings sind beide Gesten unter Fachleuten umstritten. Zwar ist die Glücksgeste mit dem eingeschlagenen, gedrückten Daumen vielfach überliefert und könnte gezeigt worden sein, doch ob der aus der Faust gestreckte Daumen wirklich in der Arena nach unten gehalten wurde oder nach oben – als Zeichen, dass der Gladiator die Erde hinter sich lassen sollte, also sterben – ist unklar.

Die Entstehung des Gesten-Kontrastpaars **»Daumen hoch/rauf!«** und **»Daumen runter!«** verdankte sich erst Historienmalern des 19. Jahrhunderts wie Jean-Léon Gérôme, der sein sehr populäres Bild **»pollice verso«**, also »Daumen nach unten« nannte. Regisseure von Sandalenfilmen machten beide Gesten dann berühmt, ja unsterblich.

Däumchen drehen

Bedeutung: untätig sein, sich heraushalten

Hintergrund: Als Kinderspiel ist das Umeinanderdrehen der Daumen bei verschränkten Händen sehr alt, ebenso als Geste der Muße, des Wartens und der Untätigkeit.

über den Daumen gepeilt, Pi mal Daumen

Bedeutung: ungefähr, circa, grob geschätzt

Hintergrund: Im Alltag schätzt man schon spätestens seit dem hohen Mittelalter Richtungen und Entfernungen, indem man einen Arm ausstreckt und über den aus der Faust gereckten Daumen peilt. Dabei erhält man nur sehr ungefähre Ergebnisse, die aber gleichwohl erst einmal hilfreich sind. Aus der alten Redensart entwickelte sich die scherzhafte Variante, bei der die Kreiszahl Pi für die exakte Mathematik und der Daumen für das grobe Peilen steht: Das Ergebnis der Multiplikation ist dementsprechend bloß grob richtig.

Daumenschrauben anlegen

Bedeutung: Zwangsmaßnahmen ergreifen, massiven Druck ausüben

Hintergrund: Zu den weitverbreiteten Folterinstrumenten gehörten die Daumenschrauben, Eisenschienen, zwischen die das Opfer seinen Daumen legen musste. Mittels Schrauben zog man die Schienen zusammen und quetschte den Daumen.

den Daumen draufhalten

Bedeutung: mit etwas sehr sparsam umgehen, etwas in Besitz behalten / nicht hergeben wollen

Hintergrund: Besonders in Zusammenhang mit Geld kam die Geste vor, die eindeutig darauf verwies, dass die Scheine oder Münzen unter dem Daumen als Besitz betrachtet wurden. Da der Daumen sie festhielt, kann die Redensart auch Geiz beschreiben.

jemanden um den (kleinen) Finger wickeln

Bedeutung: jemanden mit freundlichen Mitteln gefügig machen

Hintergrund: Freundliche Worte, Zärtlichkeiten, Schmeicheleien etc. können einen Menschen so nachgiebig machen, dass er – wie die Redensart bildstark formuliert – nur noch wie ein willenloses Fädchen ist. Man verwendet die Redensart durchweg negativ, weil man das Um-den-Finger-Wickeln als manipulativ ansieht und die, die es sich gefallen lassen, als schwach.

Man gibt jemandem den kleinen Finger und er will die ganze Hand.

Bedeutung: Jemand ist unverschämt im Annehmen von Hilfe.

Hintergrund: Das Reichen des kleinen Fingers steht für eine kleine Hilfeleistung. Anstatt dafür dankbar zu sein, will ein Unverschämter noch einen vielfach größeren Gefallen.

keinen Finger rühren, keinen Finger für jemanden krumm machen

Bedeutung: untätig sein; jemanden nicht im Geringsten unterstützen (verächtlich)

Hintergrund: Das »Fingerrühren« steht ebenso wie das »Krummmachen« eines Fingers für die kleinstmögliche Bewegung und wurde daher sprichwörtlich für den Ansatz einer Tätigkeit. Wer einem anderen selbst das verweigert, verachtet ihn offensichtlich.

es brennt einem auf/unter den Nägeln

Bedeutung: etwas ist sehr dringlich/unangenehm für einen

Hintergrund: Beide Varianten sind korrekt und haben unterschiedliche Hintergründe. *Auf* den Nägeln, und zwar auf den Daumennägeln, brannten bei Mönchen kleine Kerzen, um Licht fürs Lesen des Breviers im Dunkel einer Frühmesse zu haben. Je länger die dauerte, umso näher kamen die Flämmchen den Fingern. *Unter* den Nägeln brannten dünne Kienspäne, die man zu Folterzwecken anzündete und unter die Fingernägel der Opfer trieb. Das war an sich schon scheußlich, wurde aber noch brenzliger, je näher die Flamme den Nägeln kam.

sich etwas unter den Nagel reißen, sich etwas krallen

Bedeutung: sich etwas frech und eher unberechtigt aneignen

Hintergrund: Die Redensart zeichnet das Bild eines Gierigen, der etwas rasch an sich reißt und dabei auch noch zur Sicherheit seine Fingernägel wie Krallen einsetzt. Das »Tierwort« weist auf die für einen Menschen unangemessene Frechheit des Tuns hin, die noch deutlich in **»sich etwas krallen«** greifbar ist.

die Nagelprobe machen

Bedeutung: kritisch genau überprüfen

Hintergrund: Hinter der Redewendung steckt ein altes Ritual, das seit dem Mittelalter beliebt war. Einer trank auf das Wohl eines anderen sein Glas möglichst ganz aus. Dann drehte er es über seinem Daumennagel um. Ein etwaiger Rest sollte höchstens ein Tropfen sein, der von dort nicht hinunterlief. Damit bewies man die Ernsthaftigkeit des Zum-Wohl-Trinkens. Als man das Ritual nicht mehr kannte, erklärte man sich die Redensart aus dem Prüfen von Goldmünzen und -barren mit dem Fingernagel.

jemandem nicht das Schwarze unterm Nagel/Fingernagel gönnen

Bedeutung: jemandem nichts gönnen; ihn tief verachten

Hintergrund: Für »nichts« sagt man schon lange auch verächtlich »keinen Dreck«. Als Steigerung passt der mengenmäßig sehr geringe Schmutz, der sich unter den Fingernägeln ansammelt.

es juckt einen in den Fingern/Händen, etwas zu tun

Bedeutung: Man spürt einen großen Drang, etwas zu tun.

Hintergrund: Die Redensart beschreibt den starken Reiz, etwas haben oder tun zu wollen, als Jucken. Außerdem waren Abergläubische überzeugt, ein Jucken im Finger weise darauf hin, dass er einem etwas mitteilen wolle. Tatsächlich gleicht die Empfindung eines starken Wunsches einer Art von Kribbeln und Unruhe, wie sie Jucken hervorruft.

ein Langfinger sein, lange Finger machen

Bedeutung: ein Dieb sein, stehlen

Hintergrund: Der geschickte Griff des Diebs und seine gierig nach fremdem Gut ausgestreckten Finger stecken hinter der Redensart. Früher sagte man auch **»das Fünffingerhandwerk treiben«** oder **»klebrige Hände haben«**.

seine Finger nicht bei sich behalten können

Bedeutung: ein zudringlicher Grapscher sein; seltener: stehlen

Hintergrund: Als wären sie eigenwillige Wesen und nicht im Zaum zu halten, schildert die Redensart die zudringlichen Finger, was den vorwurfsvollen Sinn noch verstärkt. Der Dieb, vor allem der Taschendieb, gilt erst recht als jemand, der seine Finger nicht bei sich behalten kann.

etwas in die Finger/Hand bekommen

Bedeutung: (in oft unangenehmer Weise) in Besitz nehmen

Hintergrund: Was man in der Hand, in den Fingern hat, gehört einem nach altem Recht. Das »bekommen« weist hier aber auf einen unklaren Akt der Aneignung hin, der durchaus auch anrüchig oder nicht rechtsgemäß sein kann.

sich die Finger / die Pfoten verbrennen

Bedeutung: schlechte Erfahrungen machen / unangenehm scheitern

Hintergrund: Die Redensart bezieht sich auf einen Gierigen, der sich vom Essen vorzeitig ein Stück sichern will und sich dabei die Hand verbrennt. Gleichzeitig werden heikle, nicht ganz koschere Angelegenheiten schon lange als »heiß« bezeichnet, besonders in der Gauner- und Studentensprache. Auch beim Anfassen des sprichwörtlichen **»heißen Eisens«** kann man sich die Finger verbrennen.

sich in den Finger / ins eigene Fleisch schneiden
Da hast du dich geschnitten!

Bedeutung: sich ungewollt / aus Dummheit selbst schaden; sich irren; Nicht, wie du denkst! / Denkste!

Hintergrund: Das alltägliche Bild überzeugt doppelt, weil fast jeder schon die Erfahrung gemacht hat. Außerdem passt sie sehr gut zu der vorwurfsvoll spöttischen Bedeutung, dass man beim Schneiden in der Küche, aber auch beim Schnitzen o. Ä. etwas Nützliches tut, sich dabei aber selbst schaden kann. Als eine Steigerung ist **»ins eigene Fleisch schneiden«** zu beurteilen.

Fingerspitzengefühl haben, etwas nur mit spitzen Fingern anfassen

Bedeutung: Feingefühl für Heikles und diplomatisches Geschick besitzen; sich vor etwas ekeln/ängstigen etc.

Hintergrund: Tatsächlich befinden sich in den Fingerspitzen zahlreiche Rezeptoren, die eine sehr feine Wahrnehmung ermöglichen. Die erste Redensart überträgt diese Tatsache auf einen Menschen, der Zwischenmenschliches besonders fein wahrnimmt. Die zweite Redensart dagegen bezieht sich darauf, dass Ekelhaftes oder Gefährliches nur mit dem gerade nötigen Einsatz, eben nur den Fingerspitzen, angefasst wird.

eins/etwas auf die Finger bekommen, jemandem auf die Finger klopfen

Bedeutung: eine Zurechtweisung erleiden, jemanden zurechtweisen

Hintergrund: Es war besonders beim Essen, aber auch in anderen Situationen über Jahrhunderte hinweg üblich, Kindern auf die ausgestreckten Finger zu schlagen, wenn sie nach etwas Verbotenem griffen. Seit zwei Jahrhunderten etwa ist die Geste sprichwörtlich und wird mit einem spöttischen Unterton auch auf Erwachsene angewandt.

Sich etwas an den (fünf/zehn) Fingern abzählen/abklavieren können

Bedeutung: sich etwas denken/ahnen oder etwas leicht begreifen können

Hintergrund: Kinder benutzen zum Rechnen häufig die Finger. Im Bereich des Planens spricht man davon, dass man mit etwas hätte rechnen können. Aus beidem ergibt sich die Redensart, dass etwas kinderleicht vorherzusehen ist. Das Klavierspielen bot sich als Variante an, weil das Abtasten mit den Fingern dem Tastenspiel etwas ähnelt.

Das passt wie die Faust aufs Auge / der Faust aufs Gretchen.

Bedeutung: das passt sehr schlecht / sehr gut

Hintergrund: Schon im 15. Jahrhundert findet man den sehr beliebten Ausdruck, allerdings leicht abgewandelt: **»Es reimt sich wie Faust und Auge«**. Das hieß: Die harte Faust und das zarte Auge reimten sich nicht, vor allem aber passten sie nicht zusammen. Spätestens der Prediger Abraham a Sancta Clara verwendete im 17. Jahrhundert **»Es passt wie die Faust aufs Auge«** auch ironisch, als würden sie doch zusammenpassen. Je nach Tonfall kann die Redewendung daher bedeuten, **»es passt«** oder **»es passt nicht«**. Will man eindeutig »es passt« ausdrücken, wählt man die derbe Variante **»das passt wie Arsch auf Eimer«**, die sich auf den Nachttopf bezieht.

In Schüler- und Studentenkreisen entstand dann die dritte, ebenfalls derbe und ebenfalls deutlich das Passende bezeichnende Variante, die mit dem Gleichklang von der Faust und dem Namen des Titelhelden aus Goethes Drama »Faust« spielt.

eine faustdicke Lüge

Bedeutung: eine unverschämte/freche Lüge

Hintergrund: Gerade im Vergleich zu den Maßangaben »fingerdick«/»fingerstark«, die schon eine erhebliche Dicke bezeichnen, ist faustdick außergewöhnlich und kann deshalb – wie hier oder bei **»es faustdick hinter den Ohren haben«** (*siehe* S. 47) – als Verstärkung verwendet werden.

auf eigene Faust

Bedeutung: ohne Unterstützung, auf eigene Verantwortung

Hintergrund: Die Faust eines Mannes stand spätestens seit dem Hochmittelalter sprichwörtlich und rechtlich für Handlungsfähigkeit und Eigenverantwortung. Wer also **»auf eigene Faust«** handelte und dem **»Faustrecht«** folgte, nahm das Recht in die eigene Hand bzw. Faust.

sich ins Fäustchen lachen

Bedeutung: schadenfroh sein; spöttisch über das Unglück eines anderen lachen

Hintergrund: Statt hinter vorgehaltener Hand lachte man früher auch oft **»ins Fäustchen«**. Die Geste wurde häufig bildlich dargestellt. Da es heimlich geschah, galt es als überlegenes, besserwisserisches, schadenfrohes Lachen über jemanden, der sich täuscht, zu wenig weiß, etwas Dummes tut etc.

die Faust in der Tasche ballen

Bedeutung: ohnmächtige, heimliche Wut

Hintergrund: Die offen gezeigte und erhobene Faust steht für Kampfbereitschaft und Wut. Wem Mut oder Kraft für eine offene Geste fehlen, wem sie als momentan unklug erscheint, ballt die Faust nur heimlich wütend in der Tasche.

Tiere als Paten für menschliche Eigenschaften

Affe: ein Affentheater veranstalten, sich zum Affen machen, sich affig aufführen, wie ein Affe auf dem Schleifstein aussehen

Dachs: ein Frechdachs sein

Hase: ein alter Hase sein, ein Angsthase sein, an etwas herummümmeln, einen Haken schlagen, jemandem eins hinter die Löffel geben

Hirsche/Rehe: ein Platzhirsch sein, jemandem ins Gehege kommen, Brunftschreie ausstoßen, röhren wie ein Hirsch

Hund: jemanden anknurren, den Schwanz einziehen, ein bunter Hund sein, sich pudelwohl fühlen, etwas mopsen

Katzen: einen Kater haben, jemanden anfauchen, auf Samtpfoten schleichen, sich das Mäulchen schlecken

Raubkatzen: ein Salonlöwe, ein Papiertiger, ein zahnloser Löwe/Tiger sein

Maus: etwas mausen, Mäuschen spielen

Ziege/Schaf: herumzicken / zickig sein, bockig sein, kapriziös sein und Kapriolen schlagen (von *caper* lateinisch für »Ziegenbock«), herummeckern, belämmert sein, lammfromm sein, sich in die Wolle kriegen, ein Schaf sein, einem die Hammelbeine langziehen

Pferd: das ist zum Wiehern, die Hufe schwingen, jemanden auf Trab bringen

Säugetiere allgemein: sich ein dickes Fell zulegen, jemandem eine auf den Pelz brennen

Rinder: ochsen/büffeln, jemandem Hörner aufsetzen, sich die Hörner abstoßen

Schwein: ein Schwein/Ferkel sein, eine schweinische Fantasie haben, herumsauen/sich vollsauen, im Schweinsgalopp davoneilen, wie die Sau vom Trog

Wiesel: flink wie ein Wiesel sein, wieselflink

Fische: ins Becken hechten, ein toller Hecht sein, sich in der Sonne aalen, munter wie ein Fisch im Wasser sein, stumm wie ein Fisch

Reptilien: Krokodilstränen weinen, sich hindurchschlängeln, mit gespaltener Zunge sprechen

Amphibien: ein Frosch sein, eine hässliche Kröte sein, herumunken, eine alte Unke sein, eine Froschnatur haben

Weichtiere: jemanden zur Schnecke machen, seine Fühler ausstrecken, auf seiner Schleimspur ausrutschen, stumm wie eine Auster

Vögel: nach etwas spechten; reden, wie einem der Schnabel gewachsen ist, den Schnabel halten, sich etwas herauspicken, vögeln, ein Rabenaas sein, geiern, schimpfen wie ein Rohrspatz, ein Nesthocker/Nestflüchter/Nestbeschmutzer sein

Hühner: jemandem schwillt der Kamm, ein Hahn im Korb sein, herumgackern, krähen vor Vergnügen, jemanden zum Hahnrei machen

DIE BEINE

Wie heißt im Altgriechischen »ich gehe«? Genau, *baino!* Und noch weiter bis ins Indoeuropäische reichen die Wortwurzeln unserer Gehwerkzeuge. Für manche irritierend ist die Nähe zu dem alten deutschen Wort für Knochen: Bein. Wir kennen das aus Redensarten wie **»Stein und Bein schwören«** oder **»das geht mir durch Mark und Bein«**. Die beiden Beine sollte man nicht verwechseln.

Gehen und Stehen, die wichtigsten Funktionen unserer Beine, dienen sprichwörtlich zur Beschreibung der unterschiedlichsten Situationen in unserem Leben, sogar der allgemeinen Gefühlslage, weshalb wir sagen: **»Wie geht's, wie steht's?«** Wer fest und aufrecht auf seinen Beinen steht, repräsentiert der allgemeinen Auffassung nach Souveränität, Stärke, Macht und Einfluss, macht Eindruck und wirkt stolz. Dagegen bedeutet das sprichwörtliche Straucheln, Stolpern oder gar Fallen Misserfolg, Schwäche, gar Schande. Diese negative Bewertung verstärkt sich noch, wenn jemand liegt oder wenn jemand – so in der Umgangssprache verbreitet – **»dem horizontalen Gewerbe«** angehört und gegen Geld **»die Beine breitmacht«**.

Unerklärlicherweise spielen Ober- samt Unterschenkel sprichwörtlich gar keine Rolle und auch das Schienbein nur eine kleine, wohingegen das Knie recht ordentlich vertreten ist.

jemandem Beine machen, die Beine in die Hand / unter den Arm nehmen

Bedeutung: jemanden antreiben/fortjagen; sich beeilen / fliehen

Hintergrund: Einerseits erscheint jemand, der träge Herumsitzende zur Arbeit antreibt, so, als »mache« erst er ihnen Beine, die sie dann rege regen. Andererseits stehen die Beine für Bewegung, besonders das Laufen, sodass die Redensart für das Antreiben und Fortjagen an sich stehen kann. Wer nun besonders schnell läuft, der sieht von Weitem so aus, als näherten sich seine Arme und Beine immer weiter an. »Unter den Arm / in die Hand nehmen« kann außerdem »sich um etwas kümmern« bedeuten. Wer rennt, kümmert sich intensiv um seine Beine.

alles, was Beine hat

Bedeutung: jeder, alle Lauffähigen

Hintergrund: Die Redensart bezieht sich klar und verständlich auf die Gehwerkzeuge, die hier für Menschen allgemein stehen.

etwas bekommt/kriegt Beine

Bedeutung: verschwinden, gestohlen werden

Hintergrund: Die Umgangssprache überführt das Verschwinden einer Sache in das lustige Bild, ihm seien Beine zum Fortgehen gewachsen. In manchen Märchen kommt so etwas tatsächlich vor.

sich die Beine ablaufen, sich kein Bein ausreißen, sich die Beine in den Bauch stehen

Bedeutung: sich sehr anstrengen/engagieren; sich sehr wenig anstrengen/engagieren; lange und vergeblich warten

Hintergrund: Wer intensiv tätig ist, läuft viel hin und her. Da dadurch natürlich die Schuhe schneller abgenutzt wurden, nannte man das auch **»sich die Sohlen ablaufen«**, was man eindrucksvoll steigerte zu **»sich die Beine ablaufen«**. Eine weitere Steigerung war, »sich ein Bein ausreißen«, wenn sich jemand außergewöhnlich engagierte, das heute fast ausschließlich in der Verneinung vorkommt. Schließlich erfand man noch das witzige Bild vom Verschwinden der Beine im Bauch durch langes Herumstehen und Warten.

jemandem ein Bein stellen, jemandem Knüppel zwischen die Beine werfen

Bedeutung: jemanden zum Stolpern bringen / ihm schaden / sein Vorhaben scheitern lassen, jemanden behindern

Hintergrund: Wer jemandem ein Bein stellt oder ihm Knüppel zwischen die Beine wirft, bringt ihn zum Straucheln oder Fallen, was man auf die absichtliche Verhinderung von Vorhaben und ganz allgemein auf die Behinderung von jemandem übertrug.

Kein Bein auf die Erde / den Grund kriegen

Bedeutung: keine Möglichkeit zum Handeln erreichen können; erfolglos sein

Hintergrund: Ob man bis zum berühmten Ringkampf zwischen Herkules und dem Riesen Anthäus, der unbesiegbar war, solange er die Erde berührte, zurückgehen muss, um die Redensart zu erklären? Der Halbgott errang im wahrsten Sinne den Sieg, indem er den Gegner hochhob und in der Luft erdrosselte. In jedem Ringkampf ist freilich das feste Stehen auf dem Grund die Grundlage dafür, überhaupt ringen zu können.

etwas / einen Klotz am Bein haben, jemandem/sich etwas ans Bein binden

Bedeutung: etwas bezahlen/erledigen müssen; sich etwas Hinderliches aufbürden

Hintergrund: Während im hohen Mittelalter **»sich etwas ans Bein binden«** noch »etwas einbüßen, verloren geben, einen Verlust verschmerzen« hieß, weil man es sich nicht auf die viel wichtigere Seele »band«, hat sich heute die Bedeutung vollkommen auf Lästiges und Hinderliches, vor allem ungeliebte Pflichten, verengt. Dafür sorgten beliebte Redensarten über Objekte, mit denen man Sträflinge (Eisenkugel an einer Kette) oder Vieh (Holzklotz an einem Strick) am Weglaufen hinderte.

die Beine/Füße unter jemandes Tisch strecken

Bedeutung: von jemandem finanziell und rechtlich abhängig sein

Hintergrund: Die Tischgemeinschaft bildete bis weit ins 20. Jahrhundert eine hierarchisch geordnete rechtliche und moralische Gemeinschaft, in der erst der Vater, dann die Mutter bestimmte, und die Kinder – wie auch Mägde und Knechte beim Bauern – zu gehorchen hatten. Die Bindung bestand bis zum Ende der Tischgemeinschaft durch Volljährigkeit oder andere Lebensumstände wie Lehre oder Studium etc. Heute wird der bis vor einem halben Jahrhundert oft gebrauchte Droh-Satz **»Solange du deine Beine/Füße unter meinen Tisch streckst, hast du zu gehorchen«** weitestgehend zitathaft ironisch verwendet.

mit beiden Beinen im Leben stehen, etwas auf die Beine stellen

Bedeutung: realitätsnah/lebenstüchtig/praktisch sein; etwas zustande bringen/aufbauen

Hintergrund: Die erste Redensart, die einen gut geerdeten Menschen beschreibt, verdankt sich auch gegenteiligen Existenzen, die mit dem Kopf in den Wolken leben. Die zweite damit verbundene Wendung bezieht sich auf die allgemein positive Bewertung des Stehens auf den Beinen im Gegensatz zum Liegen oder Fallen. Man kann sich vorstellen, wie einem Liegenden aufgeholfen wird, aber auch, dass jemand etwas erreicht oder aufbaut, indem er es stabil und standfest auf die Beine stellt.

auf den Beinen sein, wieder auf den Beinen sein, jemandem auf die Beine helfen

Bedeutung: wach sein, gesundet sein; jemandem wirtschaftlich/finanziell etc. über einen Tiefpunkt hinweghelfen

Hintergrund: Wer aus dem Bett aufsteht, ist im Wortsinn **»auf den Beinen«**. Wer lange wegen Krankheit das Bett hüten musste, freut sich besonders, endlich **»wieder auf den Beinen zu sein«**, woher die Bedeutung »gesundet sein« kommt. Die dritte, sehr ähnliche Redensart bezieht sich auf die Verbindung von Straucheln und Misserfolg. Einem, der deshalb im übertragenen Sinn am Boden liegt, sollte man wieder auf die Beine helfen.

Das ist kein Beinbruch! *siehe* Hals- und Beinbruch!, S. 83

mit dem linken Bein/Fuß zuerst aufgestanden sein

Bedeutung: mürrisch/reizbar sein

Hintergrund: Im alten Rom gab es an öffentlichen Gebäuden »Fußwächter«, die darauf achteten, dass niemand es mit dem linken Fuß zuerst betrat oder verließ. Das galt – ähnlich wie das Aufstehen aus dem Bett mit dem linken Bein – als übles Omen. Diese Auffassung lebt bis in unsere Zeit, zumindest sprichwörtlich, fort. Ob die schlechte Laune von einem Linksaufsteher auf diesen *faux pas* zurückzuführen ist oder auf seinen Ärger darüber, erklärt der Aberglauben nicht.

mit einem Bein im Gefängnis/Grab etc. stehen

Bedeutung: am Rande der Legalität handeln, Ungesetzliches tun; dem Tod sehr nahe sein

Hintergrund: Grundsätzlich steht hinter dieser Redensart das altehrwürdige Bild des Lebenslaufs. Entscheidungen und Handlungen vergleicht man dabei mit Schritten. Wer mit einem Bein im Gefängnis/Grab steht, der hat den Schritt dorthin schon halb getan, es fehlt nur noch das zweite Bein. Inzwischen wird die Redensart auch im positiven Sinn von »fast / sehr wahrscheinlich / bald irgendwo sein« auch auf viele andere Bereiche übertragen.

sich auf die Hinterbeine stellen

Bedeutung: sich entschieden wehren

Hintergrund: Nicht nur Pferde, sondern auch viele andere Tiere stellen sich bei Gefahr oder Wut auf die Hinterbeine, um mit dieser Imponiergeste größer zu erscheinen, zu erschrecken und um besser kämpfen zu können. Das übertrug man seit dem 18. Jahrhundert auf heftigen menschlichen Widerstand.

Auf einem Bein kann man nicht stehen.

Bedeutung: Aufforderung oder Wunsch, ein zweites Glas Alkohol zu trinken

Hintergrund: Das Sprichwort war schon im 19. Jahrhundert sehr geläufig. Obwohl es auch auf andere Bereiche, wo etwas Zweites wünschenswert oder wirklich sinnvoll ist, übertragbar wäre, bleibt es allein mit dem Alkoholtrinken verbunden.

DAS KNIE

Im Vergleich zu Ellenbogen oder Hüfte ist das Kniegelenk deutlich komplexer. Im Alltag wird es vielfältig und praktisch gebraucht: als Werkzeug, als Waffe und – früher noch wesentlich mehr – als erotisches Signal.

Da die Beinhaltung die Befindlichkeit sowie den Rang einer Person ausdrückt und sie daher in vielen sprichwörtlichen Redensarten vorkommt, hat auch das Knie eine ähnlich wichtige Funktion: Wer Stärke demonstrieren will, drückt sie durch, wer Demut zeigen will, beugt sie. In gebeugter Haltung eignet sich das Knie als lustiger Vergleich mit einer beginnenden Glatze, die sprichwörtlich beschrieben wird mit den Worten **»jemandem wächst ein Knie durch die Haare«**. In Franken nennt man die ringförmigen Kirchweihkrapfen mit einer leichten, an eine Glatze erinnernden Erhebung in der Mitte »Kniescheiben« oder »Knieküchle«, auch weil sie angeblich über den Knien geformt werden.

etwas übers Knie brechen, das lässt sich nicht (so einfach) übers Knie brechen

Bedeutung: etwas übereilt / ohne Sorgfalt / gewaltsam erledigen; etwas ist nicht einfach und rasch zu erledigen

Hintergrund: Beim Holzmachen setzt man bei großen und groben Stücken Axt und Säge ein, bei Kleinholz dagegen nimmt man kurzerhand das Knie zu Hilfe, über das man Zweige und Ästlein rasch, aber in nur ungefähr richtiger Länge bricht. Von hier aus übertrug man ein ähnliches Vorgehen auf praktisch alle Bereiche, wobei sich vor allem die Bedeutung »übereilt« durchsetzte.

weich in den Knien werden, weiche Knie bekommen, in die Knie gehen, jemanden in/auf die Knie zwingen

Bedeutung: Angst bekommen, schwach werden; unterliegen, aufgeben; jemanden zum Aufgeben zwingen / bezwingen

Hintergrund: Die nicht mehr festen oder auch gebeugten Knie stehen seit der Antike sprichwörtlich für Furchtsamkeit bzw. schwindende oder mangelnde Widerstandskraft.

Kniefällig um etwas bitten / jemanden beknien, vor jemandem auf den Knien rutschen, Gott auf den Knien für etwas danken

Bedeutung: intensiv um etwas bitten; jemandem gegenüber unterwürfig sein, sehr dankbar für etwas eigentlich Unverdientes/Unerwartetes sein

Hintergrund: Während in der Antike und im Mittelalter das Knien und der Kniefall als ritualisierte Akte keineswegs eine Schande sein mussten, sondern schlicht ein Anerkennen hierarchischer Unterschiede, empfand man es danach zunehmend als erniedrigend. Das »Herumrutschen« auf den Knien vor einem Höhergestellten galt dagegen immer schon als extrem unterwürfig.

Im religiösen Kontext ist das Knien im Gebet eine Steigerung gegenüber dem sonst auch üblichen Stehen. Diese demütigende Haltung nimmt auch ein, wer unerwartet, unverdient, ja wunderbarerweise Glück hat.

jemanden übers Knie legen

Bedeutung: jemanden verprügeln / ihn auf die Knie legen und Schläge auf den Hintern geben

Hintergrund: Bis vor gut 50 Jahren setzte man dieses Strafverfahren in der Kindererziehung ein. Der Strafende setzte sich, das Kind hatte sich zu nähern, oft mit herabgelassener Hose, und wurde übers Knie gelegt. Dann erfolgten – oft abgezählte – Schläge auf das Hinterteil. Heute verwendet man die Redensart eher zitathaft oder als allgemeine Drohung.

sich ins (eigene) Knie schießen, das ist ein Schuss ins Knie

Bedeutung: sich selbst schädigen; das ist eine misslungene Aktion (oft mit Selbstschädigung)

Hintergrund: Einerseits ist ganz direkt an einen dummen oder unachtsamen Gebrauch von Gewehren zu denken, andererseits entstanden die Redensarten wohl erst in der zweiten Hälfte des 20. Jahrhunderts. Gut möglich, dass sie als gesteigerte und witzige Varianten zu älteren, gleichbedeutenden Ausdrücken wie »ein Loch ins Knie bohren« entstanden.

jemandem ein Loch ins Knie bohren, sich für einen Pfennig ein Loch ins Knie bohren lassen; Du kannst dir ein Loch ins Knie bohren und mit Blei zugießen.

Bedeutung: jemanden intensiv zu überzeugen versuchen; um geringen Lohn alles machen, Du hast Quatsch geredet!

Hintergrund: Obwohl die Hintergründe der Redensarten letztlich nicht genau geklärt sind, ist es durchaus wahrscheinlich, dass »bohren« sprichwörtlich für intensives und in die Tiefe gehendes Tun stand, wie die Wendung **»bohrende Fragen stellen«** belegt. Dass jemand ein Werkstück auf den Knien durchbohrt und den Bohrer in sein Knie rammt, ist zumindest als lustiges Bild gut denkbar. Von hier aus könnte sich die im Obersächsischen gebräuchliche Redensart **»jemandem ein Loch ins Knie bohren«** weiterentwickelt haben. Das Bohren eines Lochs ins Knie konnte leicht auf dummes Tun übertragen werden. Die Ergänzung ist eine Steigerung, mit der man auf sinnloses Gequatsche reagiert.

jemanden ins Knie ficken, Fick dich ins Knie!

Bedeutung: jemandem schaden, jemanden betrügen/heruntermachen/besiegen/irreführen; derbe Abfuhr/Ablehnung: »Mach doch, was du willst!«

Hintergrund: Die vulgären Ausdrücke könnten als Steigerung von **»ein Loch ins Knie bohren«** verstanden werden, da auch der Geschlechtsverkehr aus männlicher Perspektive als bohrend verstanden wird. Allerdings ist die Kurzform »Fick dich!« ganz unabhängig davon üblich. Wahrscheinlicher ist eine Verbindung zum Ausdruck »Kniefiesler«, der zu »Knieficker« beleidigend umgedeutet werden kann, zumal in der Zeit des Zweiten Weltkriegs auch Aussprüche wie **»Der fickt sich lieber ins Knie, als etwas abzugeben«** verwendet wurden. So erscheint die zuweilen zu lesende Erklärung mit dem altehrwürdigen Wort »Kniefiker« für ein Klappmesser, das fürs Bohren verwendet werden könnte, unnötig.

ein Kniefiesler sein

Bedeutung: geizig/pedantisch sein

Hintergrund: Der vor allem im Fränkischen und Bayerischen, dann auch im ganzen Südwesten Deutschlands übliche Ausdruck hat sich in den letzten Jahrzehnten weit über die Region hinaus verbreitet. Mit dem Knie hat er wohl nichts zu tun, sondern entstand aus einer Kombination der Ausdrücke »kniepig« für »geizig sein« und »fieseln«, das »mühselig und eifrig mit einer wenig einbringenden, unbedeutenden Tätigkeit beschäftigt sein« bedeutet. Geiz und Pedanterie verknüpfte man sowieso, und so kann aus »kniepig« und »fieseln« leicht der Kniefiesler entstanden sein. Dafür spricht auch, dass im Mittelfränkischen ein ähnlicher Ausdruck existiert: »Lausfiesel«. Er bezeichnet ebenfalls Geizkragen.

DER FUß

Als uraltes Längenmaß findet sich der Fuß in zahlreichen Sprachen und dort wiederum in vielen sprichwörtlichen Redensarten. Weil man mit dem Fuß messen konnte, entwickelte sich daraus wiederum interntional die weitere Bedeutung »Verhältnis, Art und Weise, Grundlage«, woraus sich Wendungen wie »auf gutem Fuß mit jemandem stehen« u. Ä. erklären, die so schon vor einem Jahrtausend im Althochdeutschen verwendet wurden.

In vielen Sprachen und auch in Süddeutschland steht »Fuß« stellvertretend für »Bein« und kann es ersetzen, so bei uns in »auf eigenen Beinen/Füßen stehen« für »selbstständig sein« oder »mit dem falschen Bein/Fuß aufgestanden sein« für »mürrisch sein«.

Als das auffälligste Gehwerkzeug, das den Weg eines Menschen bestimmt, steht »Fuß« zuweilen ganz allgemein für die Art der Existenz eines Menschen und für die Ausrichtung derselben. Die Füße können für Standfestigkeit sorgen, aber auch den festen Stand gefährden, sie können treten oder eilen, locken oder anekeln, was jeweils zu eigenen sprichwörtlichen Redensarten führte. Als das Unterste unseres Körpers bot sich der Fuß an als Vergleich mit ähnlichen Verhältnissen, so beim bekannten »Fuß des Berges« oder beim »Fuß der Säule«.

mit dem linken/falschen Fuß aufgestanden sein *siehe* Die Beine, S. 153

sich einen weißen Fuß machen / eine weiße Pfote holen

Bedeutung: sich lieb Kind machen, einschmeicheln, die Verantwortung für Unangenehmes anderen überlassen

Hintergrund: Unverkennbar geht die Redensart auf das Märchen der Brüder Grimm »Der Wolf und die sieben Geißlein« zurück, in dem der Wolf sich mit Hilfe von Teig und Mehl eine weiße Pfote machen lässt, um die Geißlein zu täuschen. Freilich gibt es die ähnliche Redensart auch in Holland und England, wo Pferdehändlerregeln eine Rolle spielen. Bei ihnen gilt der weiße Fuß als Qualitätshinweis für ein gutes Tier.

Kalte Füße bekommen, sich kalte Füße holen

Bedeutung: Angst bekommen; ein Vorhaben wegen Bedenken aufgeben; einen Misserfolg haben

Hintergrund: Der im Englischen gleichlautende und gleichbedeutende Ausdruck **»to get cold feet«** wird auf den niederdeutschen Autor Fritz Reuter zurückgeführt. In seinem Roman »Ut mine stromtid« schreibt er von einem Spieler, der aus einer für ihn desaströsen Kartenpartie unauffällig herauszukommen versucht. Er behauptet, er habe kalte Füße und müsse sie bewegen, steht auf und verschwindet dann unauffällig. Ähnliche Anekdoten aus Kartenspielerkreisen sind verbreitet, so dass man die Redensart darauf zurückführen kann.

(festen) Fuß fassen

Bedeutung: sich etablieren/integrieren/behaupten

Hintergrund: Zwei Bilder kommen hier zusammen, einerseits das eines Schiffbrüchigen, der glücklich an der Küste den Fuß auf festes Land setzen kann, andererseits für jemanden, der sich im Kampf behaupten muss und vorbereitend dafür sorgt, dass er einen festen Stand hat.

jemandem den Fuß in den Nacken setzen

Bedeutung: jemanden seine Überlegenheit/Macht spüren lassen

Hintergrund: Es handelt sich um eine bereits in der Bibel erwähnte und tatsächlich zu jener Zeit übliche Geste, um die völlige Unterwerfung eines Besiegten öffentlich zu zeigen.

Die Füße (fein) still halten

Bedeutung: geduldig abwarten; nicht übereilt handeln; vorsichtig sein

Hintergrund: Hier stehen die Füße für Bewegung und Beteiligung. Wer sie still hält, wird nicht aktiv, wird darüber hinaus nicht so leicht bemerkt, muss auch keine Verantwortung für etwaige Folgen übernehmen.

stehenden Fußes, stante pede

Bedeutung: sofort, ohne Verzögerung

Hintergrund: Bei diesem Ausdruck handelt es sich um einen traditionsreichen Rechtsausdruck, der deutsch wie lateinisch identisch ist und die Notwendigkeit eines sofortigen Widerspruchs gegen ein ergangenes Urteil beschreibt. Wer den Gerichtsort verlässt, verwirkt dieses Widerspruchsrecht.

(immer wieder) auf die Füße fallen, jemandem fällt etwas auf die Füße

Bedeutung: aus allen Widrigkeiten schadlos hervorgehen; eine Sache – oft eine, die jemand anderes verantwortet oder begonnen hat – wird für jemanden zum Problem

Hintergrund: Spätestens seit dem 16. Jahrhundert ist die Fähigkeit der Katzen, sich bei einem Fall in der Luft zu drehen und heil auf den Füßen aufzukommen, sprichwörtlich. Das übertrug man auf Menschen, die immer wieder erstaunlich gut aus Problemen herauskommen. Wenn einem dagegen eine Aktion oder Aufgabe entgleitet – wie eine Last, die man trägt –, dann fügt sie einem Schaden zu – so wie die Last, die einem schmerzhaft auf die Füße fällt.

auf dem Fuße folgen

Bedeutung: unmittelbar danach geschehen

Hintergrund: Hier ist direkt an Menschen zu denken, die in einer Schlange hintereinander gehen, so dass auf den hinteren Fuß des Vordermannes sofort der vordere des Hintermannes folgt. Diese rasche Abfolge ließ sich leicht auf andere Situationen übertragen.

etwas mit Füßen treten, sich auf die Füße treten, jemandem auf die Füße/Vorderfüße/Hühneraugen/Zehen treten

Bedeutung: etwas verächtlich behandeln / gröblich missachten; überfüllt sein; jemanden kränken/beleidigen/zurücksetzen

Hintergrund: Das Bild, dass jemand einen Hund abwehrend verächtlich mit Füßen tritt, ist leicht auf andere Bereiche anwendbar wie **»den Anstand mit Füßen treten«**. Ähnlich plausibel ist das zweite Bild, da ein Sich-auf-die-Füße-Treten geradezu unvermeidbar ist, wenn extrem viele Leute sich versammeln. Lustigerweise galt allerdings die Wendung **»jemandem auf den Fuß zu treten«** seit dem Mittelalter als Zeichen geheimen Einverständnisses, vor allem Liebender, was sich später sogar in Trauungsritualen wiederfindet. Unter dem Einfluss der ersten Redensart und ähnlicher wie **»jemanden auf den Schlips treten«** überwog später zunehmend die negative Bedeutung.

auf dem falschen / verkehrten Fuß erwischt werden

Bedeutung: schlecht vorbereitet oder unvorbereitet sein; in einem ungünstigen Augenblick erwischt werden

Hintergrund: Vor allem bei Torhütern sieht man deutlich, was passiert, wenn sie auf dem falschen Fuß erwischt werden, dann nämlich, wenn sie in die eine Ecke streben, den entsprechenden Fuß belasten, der Schütze im letzten Moment aber in die andere schießt. Dann ist ein Wechsel von Stand- und Spielbein nicht mehr möglich. Das galt früher beim Fechten oder Ringen natürlich schon genauso, worauf die Redensart zurückgeht

auf freiem Fuß sein, jemanden auf freien Fuß setzen

Bedeutung: sich nicht mehr in Haft befinden / freigesetzt sein; jemanden aus der Haft entlassen

Hintergrund: Hier liegt ursprünglich eine schon spätmittelalterliche Rechtsformel vor. Der »freie Fuß« stand für nicht beschränkte Rechte eines Menschen, damit für die Freiheit zu handeln. Daraus entwickelte sich die weitergehende Redensart für eine Entlassung aus Gefangenschaft oder Bindungen in die Freiheit.

auf freundschaftlichem/vertrautem/gutem/gespanntem Fuß stehen

Bedeutung: ein freundschaftliches, vertrauensvolles, angespanntes Verhältnis zu jemandem haben

Hintergrund: »Fuß« kann, wie schon erwähnt, auch »Art von etwas« oder »Grundlage, Basis, Zustand« bedeuten, sodass diese Redensarten jeweils die Art des Verhältnisses zwischen zwei Menschen beschreiben.

auf großem Fuß leben

Bedeutung: aufwendig/luxuriös/verschwenderisch leben

Hintergrund: Frühere Erklärungen, die Redensart beziehe sich auf die spätmittelalterliche Schnabelschuhmode, verweist man inzwischen ins Reich der Legende. Viel einfacher und ganz direkt versteht man sie, wenn man »Fuß« im Sinne von »Zustand« oder »Art von etwas« versteht. Dann bezeichnet der große Fuß ein großspurig aufwendiges Leben.

auf schwachen/tönernen/wackligen Füßen stehen

Bedeutung: eine schlechte, unsichere Basis haben; eine unsichere Sache sein

Hintergrund: Im Alten Testament träumt der Prophet Daniel von einem kolossalen Standbild, das lediglich auf tönernen, damit zerbrechlichen Füßen steht und zusammenbricht, als ein Stein es trifft. Daniel deutet den Koloss als Bild für die Weltreiche, die aufgrund ihrer Schwachheit vergehen werden. So lässt sich die Redensart auf Unternehmungen aller Art übertragen, die keine solide Basis haben.

einen Fuß in der Tür haben

Bedeutung: einen guten Ansatz/Zugang haben; nicht mehr ignoriert werden können

Hintergrund: Die Wendung geht auf zudringliche Hausierer und andere Haustürgeschäftsleute zurück, die frech – kaum ist die Tür geöffnet – ihren Fuß in die Tür setzen, damit sie nicht einfach wieder geschlossen werden kann. Auf die Weise verschaffen sie sich immerhin eine Möglichkeit, zu einem Erfolg zu kommen.

wie eingeschlafene Füße schmecken

Bedeutung: langweilig/schlecht schmecken

Hintergrund: Eingeschlafene Füße sind empfindungslos und können insofern als lustiges Bild für langweiliges Essen dienen. Da man seit alters auch über den Geruch der Füße spottet – Käsefüße –, lag es nahe, die Redensart auf übel schmeckendes Essen zu übertragen.

auf Freiersfüßen sein, sich auf Freiersfüßen befinden

Bedeutung: eine Frau zur Heirat suchen

Hintergrund: Das altmodische Wort »Freier« für »Heiratswilliger« samt zugehörigem Verb »freien« für »um die Hand einer Frau werben« verbindet sich hier überzeugend mit den Füßen, da diese erstens auch für die Art einer Existenz stehen können und zweitens der Freier sich womöglich die Füße wund laufen muss, bis er eine Frau findet.

ein Bruder Leichtfuß sein

Bedeutung: leichtsinnig sein

Hintergrund: Der leichte Fuß steht hier für eine zu leicht genommene Art der Existenz; »Bruder« ist eine Bezeichnung für Mönche, die beim Eintritt ins Kloster oft einen Ordensnamen erhalten, der den Beginn ihres neuen Lebensabschnitts markiert. Man kann sich leicht vorstellen, für welch eine Existenz der Name **»Bruder Lustig«** steht.

Da krümmen sich mir die Zehennägel! Da rollen sich mir die Zehennägel auf/hoch/ein!

Bedeutung: Ich bin entsetzt/empört/höchlich verwundert!

Hintergrund: Ungepflegte, nie geschnittene Zehennägel rollen sich tatsächlich im Lauf der Zeit ein, doch natürlich können sie das nicht plötzlich. Das lustige Sprachbild, das eine Mischung aus Unverständnis und Unbehagen ausdrückt, gehört insofern zu den vielen Unmöglichkeits- und damit Empörungs- und Überraschungsformeln wie »Ich könnte mir in den Arsch beißen!« etc.

jemandem auf den Fersen sein, sich an jemandes Fersen heften, Fersengeld geben

Bedeutung: jemanden bei der Verfolgung sehr nahe sein; jemanden verfolgen; flüchten

Hintergrund: Wer jemanden verfolgt, sieht den Flüchtenden nur von hinten, von den Füßen also hauptsächlich die Fersen, woraus sich die ersten beiden Redensarten erklären. Die dritte freilich beruht wohl auf mehreren Vorstellungen: Schon im Mittelalter sagte man von einem Menschen, der floh, um seine Schuld nicht begleichen zu müssen, er **»bezahle mit der Ferse«**. Dann erinnerten die oft helleren, kreisrunden Fußflächen der Ferse an Münzen. Außerdem gab es im Scheidungsrecht des »Sachsenspiegels«, eines Rechtsbuchs aus dem 13. Jahrhundert, das »Fersengeld« als Abgabe, die eine Frau ihrem Mann bei der Scheidung zu zahlen hatte. Und schließlich könnte sich der Ausdruck auf Bußgeld beziehen, das von einem Bürgen für die Schuld eines Geflüchteten zu zahlen war.

eine Achillesferse sein

Bedeutung: eine Schwachstelle / verwundbare Stelle sein

Hintergrund: Einer der berühmtesten Helden der griechischen Mythologie ist Achill. Seiner Mutter prophezeite man, er werde berühmt werden, aber früh sterben. Sie versucht, das zu verhindern, indem sie ihren Sohn in den Unterweltfluss Styx taucht, dessen Wasser unverwundbar macht. Dabei hält sie das Kind an der Ferse fest, weshalb dort kein schützendes Wasser hinkommt. Vor Troja gelingt es dem Königssohn Paris, Achill mit einem Pfeilschuss in die Ferse zu töten. Er war also nur an der Ferse empfindlich zu treffen, und so sagte man schon in der Antike vom Schwachpunkt eines Menschen **»Das ist seine Achillesferse«**.

Die Haut, das Fleisch & die inneren Organe

Ein alter Sack mit Inhalt

»Ein Blutegel saugt dein Blut, aber das macht ihn nicht zum Werwolf.«

(aus Haiti)

DAS HERZ

Neurologische Forschungen belegen in den letzten zwei Jahrzehnten zunehmend, dass die enge Verbindung von Herz und Gefühl in zahlreichen Kulturen nicht so absurd ist, wie man dachte. Weit über die Tatsache hinaus, dass es ein bewundernswert unermüdlicher Muskel ist, zeichnet sich das Herz durch extrem viele Nervenverbindungen aus, ja bei Frauen wurde inzwischen das *broken heart syndrom* als spezifische Herzkrankheit nachgewiesen, was all die sprichwörtlichen Redensarten zum Komplex »Herz und Gefühl« auch aus physiologischer Sicht recht einleuchtend erscheinen lassen.

Solche Erkenntnisse bestätigen auch das Herz als das zentrale, durch die extrem häufige Verwendung geradezu banale Symbol für die Liebe. Wird das Herz im Wortsinn verwundet, bedeutet das fast immer den Tod. Wird es durch Amors Pfeile verletzt oder von treulosen Geliebten, kann das **»jemandem das Herz brechen«**, um nur die geläufigste der vielen Liebesleid-Herz-Redensarten zu nennen. Obwohl man ohne Herz nicht leben kann, »verschenken« und »verlieren« es Liebende.

In der Symbolsprache ist es mal hart, mal weich, mal steinern, mal golden, mal kalt, mal heiß, mal eng, mal weit, und es kann zerrissen, abgedrückt, entflammt oder angenagt werden.

Unmittelbar bemerken wir, wie unser zentraler Taktgeber im Wandel der Gefühlslagen höchst unterschiedlich pulst. **»Klopft uns das Herz im / bis zum Halse«**, zeugt das von hoher Erregung – ob aus Angst oder Verliebtheit. Ganz wörtlich ist das fassbar in der positiven Redensart, »jemandes Herz schlägt höher«. Zeichnet sich dagegen jemand durch **»ruhig Blut«** aus, schlägt das Herz in langsamem Gleichmaß. Manchmal vergleicht man es mit einer regelmäßig tickenden Uhr oder einem Metronom, wenn man sagt, das Herz **»gerät aus dem Takt«**. Dabei zeichnet es sich doch gerade durch seinen wandelbaren Rhythmus aus. Wenn wir wissen wollen, wie es uns geht, müssen wir eigentlich nur darauf achten, was das Herz geschlagen hat.

Wer ganz kaltblütig agiert, der hat offenbar – wiewohl physiologisch unmöglich – **»kein Herz im Leib«**. Das glatte Gegenteil bezeugt der heute nicht mehr so geläufige Ausdruck »Beherztheit«, der in Redensarten wie **»ein beherzter Sprung ins kalte Wasser«** u.Ä. noch vorkommt. Hier und in weiteren Fällen steht das Herz für Lebensfreude, Vitalität und Mut.

In der von der Anthropologie und der Kulturgeschichte so bezeichneten »Grammatik des Körpers«, welche die in vielen Kulturen starke Verbindung von physiologischen Gegebenheiten mit allgemeinen Bedeutungen beschreibt, steht das Herz für unser Zentrum, weshalb es sich auch als Vergleich für andere zentrale Gegebenheiten eignet, wie man bereits beim Salatherz sieht, dann beim Herzstück einer Fabrik, aber auch in hochsymbolischer Weise in literarischen Titeln wie »Herz der Finsternis« von Joseph Conrad.

Hand aufs Herz *siehe* Die Hand, S. 126

jemandem blutet das Herz / bricht das Herz, ein Herzensbrecher sein

Bedeutung: jemand ist tief bekümmert/erschüttert; jemand ist todunglücklich; ein Verführer/Charmeur sein

Hintergrund: Das Herz als Zentrum der Gefühle und das Blut als Symbol für die Lebensenergie, den Lebensstoff kommen in der ersten Redensart zusammen, die Kummer mit einer Verletzung des Herzens vergleicht und einem schmerzhaften Verrinnen von Vitalstoff. Die Bildlichkeit empfindet man heute oft als zu stark und pathetisch, sodass die Redensart gern sarkastisch oder ironisch verwendet wird.

Das Herz wurde als Hohlmuskel auch immer wieder mit einem Gefäß von Gefühlen verglichen. Dem entsprach die Vorstellung, dass es bei unachtsamem oder grobem Umgang brechen kann. Kein Wunder, dass man oft vom »Kitten« eines Liebesverhältnisses spricht. Der notorische Charmeur hinterlässt regelmäßig solche Herzscherben und gilt deshalb sprichwörtlich als **»Herzensbrecher«**.

aus seinem Herzen keine Mördergrube machen

Bedeutung: offen aussprechen, was man denkt und fühlt

Hintergrund: Bibelfeste Zeitgenossen erinnert die Redensart an die dramatische Szene in Matthäus 21, 13, wo Jesus die Geldwechsler und Händler aus dem Tempelbezirk vertreibt und ruft: »Mein Haus soll ein Bethaus sein, ihr aber habt eine Mördergrube daraus gemacht.« So liest man es erst seit Martin Luther. Im griechischen Originaltext steht *spelaion leston,* was »Höhle der Räuber« heißt – *spelaion* lebt in unserem Wort

»Spelunke« fort. In Luthers Heimat waren freilich »Grube« und »Höhle« Synonyme, und vielleicht wollte er den Ausdruck noch steigern, indem er aus den Dieben Mörder machte. Das Herz soll aber nach christlicher Auffassung weder Räuber noch Mörder noch – im übertragenen Sinne – böse oder heimliche Gedanken beherbergen.

jemandem sein Herz ausschütten, jemandem sein Herz öffnen, das Herz auf der Zunge haben/tragen

Bedeutung: sich jemandem anvertrauen, ihm Not und Sorgen schildern; sehr offen sein/sprechen, früher auch: geschwätzig sein

Hintergrund: Alle diese Redensarten gehen auf das bekannte Bild vom Herzen als Gefäß zurück. Entsprechend kann das Herz von Sorgen und Nöten, aber auch von schlechten Gedanken oder Vorbehalten voll sein. Das Ausschütten wie das Öffnen macht die darin verborgenen Gefühle und Einstellungen sichtbar, was von Vertrauen und Offenheit zeugt. Wer nicht lange zögert, zu sagen, was er denkt, trägt **»sein Herz auf der Zunge«**, wobei das Herz für die Gedanken und die Zunge für das Reden steht. Im Alten Testament, das die Redensart so verwendete, und auch bis weit in die Neuzeit hinein bedeutete sie darüber hinaus »geschwätzig sein«.

jemandem geht das Herz auf, jemandem lacht/hüpft das Herz im Leibe / vor Begeisterung

Bedeutung: jemand hat ein erhebendes Gefühl / fühlt feierlich positive Stimmung; jemand ist fröhlich

Hintergrund: Die erste Redensart vom Aufgehen des Herzens erklärt sich leicht aus dem Gegenbild: Das enge, bedrückte Herz steht für traurige

Gefühle, ein verschlossenes für die Abwendung – gerade auch eine emotionale – von der Außenwelt. Die zweite, recht ähnliche zeichnet das Bild des personifizierten Herzens voller Freude, das fröhlich schlägt, ja vor Freude hüpft, und damit die Laune des gesamten Menschen bestimmt.

jemandes Herz hängt an jemandem/etwas

Bedeutung: jemand hat jemanden/etwas sehr gern, will sich nicht davon trennen

Hintergrund: Den Wunsch nach Nähe, wie er in dem Wort »Anhänglichkeit« deutlich wird, überträgt die Redensart auf das Herz als Zentrum unserer Gefühle. Woran es hängt, davon will es nicht lassen.

jemandem fliegen die/alle Herzen zu

Bedeutung: jemand ist überaus beliebt; er hat ein sehr einnehmendes Wesen

Hintergrund: Das Herz steht auch für »Gewogenheit« und »Sympathie«. In schöner bildlicher Übersteigerung zeichnet die Redensart das Bild eines hochsympathischen Menschen, dem andere ihr Herz schenken. Das »Zufliegen« schildert den Vorgang als sehr intensiv und rasch sowie als fast unausweichliches Angelocktwerden.

jemand hat das Herz auf dem rechten Fleck, jemandem rutscht/fällt das Herz in die Hose/Beinkleider

Bedeutung: jemand ist tüchtig und hilfsbereit, hat klare und vernünftige Einstellungen; jemand bekommt plötzlich große Angst, ist plötzlich total entmutigt

Hintergrund: Der »rechte Fleck« steht hier für das genau Richtige, Vorbildliche, das »Herz« für Emotionen, Mut und Tatkraft. Die Bildlichkeit überzeugt umso mehr im Vergleich mit der zweiten Redensart, in der das Herz den rechten Fleck Richtung Hose verlässt, die in zahlreichen Angstredensarten in Verbindung mit Durchfall vorkommt.

jemandem bleibt das Herz stehen, einen Herzkasper(l) bekommen

Bedeutung: jemand erschrickt sehr stark und plötzlich

Hintergrund: Tatsächlich fühlt es sich bei plötzlichem Schreck so an, als setze der Herzschlag für eine kurze Zeit aus. Dieses Gefühl beschreibt man in der Redensart übertreibend als Herzschlag. Im bayerisch-österreichischen Raum hat sich dafür der derb-lustige und damit euphemistische Ausdruck »Herzkasper(l)« herausgebildet. Möglicherweise entstand er, weil ein Schlag auch bei der komischen Figur Kasper mit seiner Pritsche oft vorkommt oder weil man Kaspers Kapriolen mit denen des Herzens verglich.

jemandem ist/wird das Herz schwer/leicht, etwas schweren/leichten Herzens tun

Bedeutung: jemand ist/wird traurig/heiter; etwas nicht gern / sehr gern tun

Hintergrund: Das Bild des unterschiedlich schweren Herzens erklärt sich aus der grundsätzlichen Verbindung von Negativem mit im Wortsinn Belastendem, von Positivem mit Leichtem. Das unbeschwerte Herz steht so für Heiterkeit, das schwere für ein bedrücktes, trauriges.

jemandem ist ein Stein/Steinschlag/Gebirge vom Herzen gefallen

Bedeutung: sehr erleichtert sein

Hintergrund: Sorgen und Kummer werden oft sprichwörtlich als schwere Last gesehen, sodass die Befreiung davon wie das Abwälzen eines Steines empfunden werden kann. Die alte Redensart erfuhr vielerlei, oft lustige Steigerungen.

sich ein Herz fassen/nehmen, das Herz in die Hand nehmen, etwas auf dem Herzen haben

Bedeutung: seinen Mut zusammennehmen; ein wichtiges persönliches Anliegen haben

Hintergrund: »Herz« steht in den ersten zwei Redensarten direkt für »Mut«, den man auch oft benötigt, um ein Anliegen anzusprechen. Das kann einem so wichtig und schwerwiegend erscheinen, dass es wie beim zweiten Ausdruck gleichsam drückend auf dem Herzen liegt.

seinem Herzen Luft machen

Bedeutung: sagen, was einen – oft schon länger – ärgert oder bedrückt

Hintergrund: Frisst man etwas sprichwörtlich in sich hinein, wird das als Belastung des Herzens und als Bedrückung empfunden. Es drückt einem das Herz zusammen, sodass es bildlich gesprochen nicht mehr atmen kann. Umso wichtiger ist es, schließlich doch mit seiner Meinung oder seinen Gefühlen herauszurücken und sich und seinem Herzen damit wieder Luft zu verschaffen.

jemandes Herz / aller Herzen im Sturm erobern

Bedeutung: jemanden rasch in sich verliebt machen; alle sehr schnell für sich gewinnen

Hintergrund: Hier geht es nicht um starken Wind, sondern um einen Sturmangriff. Gerade in der Literatur verglich man ja das Herz oft mit einer Festung. Dazu passt dann das Bild einer handstreichartigen Erstürmung.

ein Herz aus Stein / ein kaltes / kein Herz haben, herzlos/ hartherzig sein

Bedeutung: mitleidlos/empfindungslos sein

Hintergrund: Ein menschliches Herz soll, so die Grundvorstellung, empfindlich und anrührbar sein. Das weiche Herz steht überdies für Mitleid. Da lag als Gegensatz das harte Herz nahe und der Stein als das sprichwörtlich Harte, wobei die absolute Steigerung Herzlosigkeit ist. Besonders durch Wilhelm Hauffs Märchen »Das kalte Herz« (1828) verbreitete sich die Vorstellung vom kalten Steinherz.

dem Herzen einen Stoß geben

Bedeutung: innere Widerstände überwinden und sich rasch zu etwas entschließen

Hintergrund: Sehr häufig hört man die Redensart in der Aufforderungsform, wenn jemand zögert, etwas zu tun: **»Gib doch deinem Herzen einen Stoß!«** Dahinter steckt das in vielen weiteren Redensarten übliche Bild eines Rucks oder Stoßes, mit dem Stillstand und Widerstand überwunden werden können, wie man es früher häufig erlebte, wenn der Wagen im Schlamm stecken geblieben war. Hier soll der Stoß das widerstrebende Herz in eine positive Bewegung bringen.

jemandem ans Herz gewachsen sein, jemanden im Herzen tragen

Bedeutung: jemandem sehr lieb geworden sein; jemandem sehr zugetan sein

Hintergrund: Da das Herz selbst für Zuneigung steht, beweist es größte Zuneigung, wenn jemand darin gleichsam wohnt bzw. geradezu organisch mit ihm verwachsen ist.

jemanden ins Herz schließen

Bedeutung: jemanden lieb gewinnen

Hintergrund: Das Herz, vor allem das sprichwörtlich goldene, verglich man schon im Mittelalter mit einem Reliquienkasten oder Schrein, in dem Kostbares geborgen war. So bot es sich an, auch den geliebten Menschen als das einem Heiligste und Wichtigste dort sprichwörtlich einzuschließen.

ein Herz und eine Seele sein, von ganzem Herzen und von ganzer Seele

Bedeutung: sich ganz einig sein, sehr gern zusammen sein; sehr gern/ sehr intensiv

Hintergrund: Die beiden Wendungen gehen auf die Bibel zurück, die erste auf die Apostelgeschichte, wo es in Kapitel 4, 32 heißt: »Die Menge der Gläubigen aber war ein Herz und eine Seele; auch nicht einer sagte von seinen Gütern, dass sie sein wären, sondern es war ihnen alles gemeinsam.« Durch das Teilen ihres Besitzes zeigen die Menschen, dass sie in Gefühl und Gesinnung vollkommen eins sind. Die zweite findet sich bereits im Alten Testament in 5. Moses, 4, 29, wo es heißt: »Ihr werdet dort den Herrn, deinen Gott, suchen, und du wirst ihn finden, so du ihn von ganzem Herzen und von ganzer Seele suchen wirst.« Die Formulierung kommt gesteigert auch im Neuen Testament vor.

halbherzig / mit halbem Herzen bei der Sache sein

Bedeutung: ohne rechte Beteiligung dabei sein

Hintergrund: Das Herz steht hier für die innere Beteiligung an einer Sache und ist gerade im Vergleich zu der vorigen Formel »mit ganzem Herzen« als deutliche Abschwächung zu verstehen.

etwas nicht übers Herz bringen, nicht das Herz haben

Bedeutung: zu viel Mitleid/Scheu etc. oder nicht den Mut haben, um etwas zu tun

Hintergrund: Das Herz steht hier für die Gefühlszentrale des Menschen. Es hindert im ersten Fall mit seinem Mitgefühl wie eine Hürde, über die man sie nicht bringen kann, an Entscheidungen. In der zweiten Wendung steht es einerseits für Mut, der einem fehlt, andererseits für ein Herz, das nicht hart genug ist, um etwas zu tun.

aus tiefstem Herzen/Herzensgrunde

Bedeutung: aufrichtig, voll und ganz

Hintergrund: Hier geht es um das Bild vom Herz als Gefäß, vor allem für die Gefühle. Die Redensart bezieht sich auf das, was sich ganz unten im Herzen befindet. Dort sind im Wortsinn die tiefsten Überzeugungen und Gefühle zu finden, die das ganze Herz bestimmen.

ein Herzbube / eine Herzdame sein

Bedeutung: Geliebter/Geliebte sein, Umschwärmter/Umschwärmte sein

Hintergrund: Beim Kartenspiel gab es sehr früh schon Scherze zu dem Paar Bube und Dame mit der Farbe Herz, zumal man die Dame auch »Herzkönigin« nannte und »Königin des Herzens« ein geläufiger Ausdruck für die Geliebte war. Beide Ausdrücke konnten auch für solche Menschen verwendet werden, denen die Herzen zufliegen. Im Englischen ist die **»queen of hearts«** ebenso bekannt.

etwas auf Herz und Nieren prüfen

Bedeutung: sehr gründlich prüfen

Hintergrund: Die Redensart fußt auf biblischen Quellen, so liest man im Psalm 7, 10: »... denn du, gerechter Gott, prüfest Herzen und Nieren.« Neben dem Herzen steht auch die Niere in der Bibel für Vitalität, Gesinnung, das Innere, also Verborgene des Menschen, weshalb die Formel für eine überaus gründliche Prüfung steht.

WEITERE ORGANE

etwas geht einem an die Nieren

Bedeutung: etwas belastet, trifft empfindlich, nimmt mit, regt auf

Hintergrund: Ähnlich wie die Leber galten die Nieren schon in der Gesundheitslehre der Antike, die bis weit ins 18. Jahrhundert einflussreich war, als Sitz der Vitalität und der Gemütsbewegungen. So heißt es bei Luther auch: »Meine Nieren sind froh ...«

eine grüne Lunge

Bedeutung: Naturgebiet, das eine wichtige Funktion für das Klima hat

Hintergrund: Ein kleiner Park kann diese positive Funktion für einen Ort haben, der Amazonas hat sie für die Welt. Das Bild scheint nicht stimmig zu sein, die Lunge verbraucht ja Sauerstoff, stellt ihn nicht her. Doch hier geht es um ihre Funktion, unseren Körper mit Luft zu versorgen.

eine gute Lunge haben, sich die Lunge aus dem Hals husten/schreien/rennen

Bedeutung: kräftig und lange schreien können; sehr laut schreien, bis zur Erschöpfung rennen

Hintergrund: Die erste scherzhaft übertreibende Redensart beruht auf der Tatsache, dass man außer guten Stimmbändern und Resonanzräumen auch viel Luft aus den Lungen benötigt, um laut und ausgiebig schreien zu können. Die zweite Redensart mit ihren Varianten dient als absurde Steigerung eines durchaus häufigen Gefühls, dass die Lunge sich lösen und aus dem Hals kommen könnte, weil man zu heftig hustet, zu heftig schreit, zu heftig atmen muss.

etwas schlägt einem auf den Magen, etwas liegt jemandem (schwer) im Magen, jemandem dreht sich der Magen um

Bedeutung: etwas verdirbt einem die Laune, nimmt einen seelisch/nervlich mit, belastet, macht einem zu schaffen; verursacht Ekel oder Übelkeit

Hintergrund: Schon lange vergleicht man Probleme, Ärger, Sorgen mit dem Vorgang des Essens und Verdauens. So **»frisst man etwas in sich hinein«** oder kann **»etwas nur schwer verdauen/verknusen«**. Da lag die Einbeziehung des Magens nahe, dem schwere Speisen ja auch Probleme machen, die sich bis zu Magenkrämpfen und Übelkeit steigern können.

jemandem knurrt der Magen / hängt der Magen zwischen den Kniekehlen

Bedeutung: jemand hat großen Hunger

Hintergrund: Immer wieder sind bei Menschen laute Magengeräusche vernehmbar, die zwar nicht unbedingt durch Hunger verursacht sind, aber oft damit verbunden wurden. Scherzhaft verglich man die Magengeräusche deshalb mit einem hungrigen, knurrenden Hund.

Der leere Magen scheint außerdem schlaff zu sein, und zusammen mit dem Gefühl vom sprichwörtlichen **»Loch im Bauch«** ergab sich daraus die übersteigerte komische Redewendung eines »bis zu den Kniekehlen« durchhängenden Magens.

Und das auf nüchternen Magen!

Bedeutung: Ausdruck der Verärgerung, teils auch der Verwunderung, wenn einen Unangenehmes unvermittelt trifft

Hintergrund: Der gefüllte Magen steht oft für Zufriedenheit, Gelassenheit sowie für eine Stärkung für Kommendes. Insofern eignete sich der nüchterne Magen, um das Gegenteil auszudrücken, wie es der Ausruf im Sinn von »Das fängt ja gut an!« oder »Das fehlte mir gerade noch!« tut.

jemandem ist eine Laus über die Leber gelaufen, eine beleidigte Leberwurst sein

Bedeutung: jemand ist beleidigt; rasch und leicht beleidigt/sehr humorlos sein

Hintergrund: Hinter den Redensarten stecken Überzeugungen der antiken Säftelehre, die bis weit ins 18. Jahrhundert hinein die Medizin und den Aberglauben beeinflusste. Gerade die Leber und die mit ihr verbundene Gallenblase sowie die Milz und sogar die Nieren machte man verantwortlich für die Stimmung eines Menschen. Änderte sich diese plötzlich, vermutete man, ein Organ schütte zu viel seines »Saftes« aus. Die Leber etwa verband man u.a. mit dem Ärger. War jemand plötzlich und unangemessen beleidigt, wies man ihn seit dem 16. Jahrhundert mit der ersten Redensart darauf hin, dass so viel Lebersaftausschüttung wegen einer Kleinigkeit – so klein wie eine Laus – lächerlich sei.

Im 19. Jahrhundert kam als lustige Variante die »beleidigte Leberwurst« dazu. Damit bezeichnete man viel zu schnell schmollende Menschen, die man mit der Leber als Auslöser von Beleidigtsein gleichsam identifizierte. Dazu kam die schöne Alliteration der beiden »L«. Nicht zuletzt spielten die alten Schimpfwörter »Hanswurst« und »feine Leberwurst« mit hinein. Zu Erklärung erfand man noch die Geschichte von der Leberwurst, die vor Wut platzt, als man die Blutwurst vor ihr aus dem Kessel holt.

Mit neckendem **»Nun spiel doch nicht die beleidigte Leberwurst!«** versuchte man, die gute Stimmung wiederherzustellen.

frei/frisch von der Leber weg reden/sprechen

Bedeutung: vorbehaltlos offen sein/sprechen

Hintergrund: Die inzwischen ein wenig altmodische Wendung gehört auch in den Vorstellungsbereich der antiken Säftelehre, nach der besonders die Leber als Sitz der Stimmungen galt. So hieß es bis ins 19. Jahrhundert auch, **»etwas geht an die Leber«**, wenn etwas Sorgen bereitete. Waren die Sorgen fort, hieß es **»man habe etwas von der Leber herunter«**. Dann konnte man sorglos **»frei und frisch von der Leber sprechen«**.

eine durstige/trockene Leber haben, Zwischen Leber und Milz passt noch 'n Pils.

Bedeutung: gern Alkohol trinken; Wunsch/Aufforderung, noch ein Bier zu trinken

Hintergrund: Dass starker Alkoholkonsum auf die Leber schlägt und zu Zirrhose führt, weiß man schon sehr lange. So lag die Verbindung von Leber und Alkohol nahe. Scherzhaft führen Trinker ihre Alkoholsucht seit etwa 400 Jahren auf die Disposition der Leber als trocken oder durstig zurück oder behaupten, um des Reimes willen, es sei noch Raum für ein weiteres Bier zwischen dem Alkoholorgan Leber und der nahen Milz.

einem läuft die Galle über / kommt die Galle hoch, einen galligen Humor haben

Bedeutung: einen packt die Wut; einen bitterbösen Humor haben

Hintergrund: Galle ist die bittere Flüssigkeit aus der Gallenblase. Sie beeinflusste viele Redensarten seit der Antike. Man war überzeugt, dass sie bei Zorn und Ärger in Menge produziert werde und die Leber und damit den ganzen Menschen verbittere und so wütend mache, dass sie sogar in den Hals steigen könne und ihn noch stärker in Rage bringen würde. Diese Verbitterung nannte man »Vergällen«, und so wird heute nicht nur Alkohol für Industriezwecke vergällt, sondern ein missgünstiger Zeitgenosse kann einem auch ein Vergnügen o. Ä. **»vergällen«**. Die Bitterkeit der Galle eignete sich dann auch, um bösen Humor zu charakterisieren.

Gift und Galle spucken

Bedeutung: sich wütend und beleidigend aufführen, miesester Laune sein

Hintergrund: Wie bereits geschildert, scheint die Galle einem bei großer Wut hochzukommen. Mit ihr und mit Gift vergleicht man die bitterbösen Worte, die man dann äußert.

Gesundheitssprichwörter aus aller Welt und ihre Bedeutung

Iss Quitten, damit du wie eine Quitte wirst, so rund und gesund. (Iran)
Wie in vielen anderen Kulturen hofft man, Form und Eigenschaften von Esswaren würden sich auf den Essenden übertragen.

Lieber rund und gsund als schlank und chrank. (Schweiz)
Heiterer Rat, das Essen zu genießen, statt sich zu kasteien.

Je größer das Haupt, je stärker der Kopfschmerz. (Serbien)
Klugheit, für die der große Kopf steht, bewirkt leicht mehr Sorgen und Leiden als nötig.

Sei wie Mund und Hand; wenn die Hand schmerzt, bläst der Mund auf sie, wenn der Mund schmerzt, reibt ihn die Hand. (Madagaskar)
Lebe mit dir selbst in Frieden und sei freundlich zu dir.

Die Lippen der Frau haben schon so manche Krankheit geheilt. (Frankreich)
Liebesglück kann Körperleid übertreffen. Oder: Männer sind oft wehleidig, ja scheinkrank, was die rasche Heilung durch einen Kuss beweist.

Der Mund ist der Arzt und der Scharfrichter des Körpers. (Dänemark)
Essen kann so heilsam wie gefährlich für die Gesundheit sein, kluges oder unbedachtes Reden erst recht.

Lieber Schuhe abnützen als Bettlaken. (Schweden)
Wer viel läuft, bleibt gesund und muss deshalb nicht krank und lange im Bett liegen.

Je weißer das Brot, desto rascher der Tod. (Schweden)
Weit verbreitet ist die Behauptung, Weißbrot sei ungesund. Über Jahrhunderte ein Luxusprodukt, steht es sinnbildlich auch für ein ungesundes Luxusleben.

Wenn dein Kopf schmerzt, sei großzügig mit ihm, und wenn dein Bauch schmerzt, sei geizig mit ihm. (Arabisch)
Lass deinem Kopf Ruhe bei Kopfweh und iss wenig bei Bauchweh.

Der Bauch gehört zu dir selbst. (Japan)
Denke schon beim Essen an die Folgen, gerade weil der Bauch sie oft erst mittel- oder langfristig zeigt.

Ein Elefant stirbt nicht an einer gebrochenen Rippe. (Kenia)
Ein Starker hält viel aus. Oder: Sei nicht wehleidig!

Chäs und Brot macht d' Bagge rot. (Schweiz)
Einfaches, gutes Essen ist gesund.

Gut ist es, wenn man den Mund spült, besser, wenn man sich durchspült. (Slowakei)
Die Mundreinigung hilft im Kleinen und körperlich, doch wichtiger ist die Reinigung im Großen (auch durch Abführmittel) sowie die geistige.

einen Spleen haben

Bedeutung: sonderbare/verschrobene Ideen haben

Hintergrund: Bei diesem Ausdruck, den wir aus England übernahmen, geht es um die Milz. Das englische Wort *spleen* geht auf das altgriechische *splen* zurück, das »Milz«, aber auch »Milzsucht« heißt. Eine Erkrankung der Milz, so waren die antiken Mediziner überzeugt, könnte melancholisch machen und zu sonderbaren Ideen führen. Letztere Bedeutung setzte sich in England im Laufe der Jahrhunderte durch, und so beschrieb *spleen* bald ausschließlich und spöttisch-liebevoll einen Tick. Noch im 19. Jahrhundert hieß es bei uns **»Dich sticht wohl die Milz!«**.

eine Konfirmandenblase/Sextanerblase haben

Bedeutung: ungewöhnlich rasch oder oft aufs Klo müssen

Hintergrund: Bis in die zweite Hälfte des 20. Jahrhunderts nannten viele die erste Gymnasialklasse »Sexta«, wo die Schüler im Alter von etwa zehn Jahren saßen. Mit ihnen, die wie die etwa vier Jahre älteren Konfirmanden angeblich eine noch kleine Harnblase haben und sich nicht beherrschen können, verglich man vor allem in Männerkreisen spöttisch Männer, die häufig auf die Toilette gingen.

(die) Eier für etwas haben

Bedeutung: mutig/entschlossen sein, den Mut und die Entschlossenheit für etwas haben

Hintergrund: Aus dem südeuropäischen und südamerikanischen Sprachgebrauch schwappte die Redensart erst in den letzten Jahrzehnten zu uns. »Eier« steht – wie früher schon bei uns – für die Hoden. Wegen ihrer Zeugungskraft entstand die Redensart, die in den Herkunftsländern wie bei uns oft beleidigend in Verneinung zu hören ist: **»Du hast ja nicht die Eier dafür!«**

DIE NERVEN

Obwohl sie so entscheidend für unser Dasein sind, so fein und doch so allgegenwärtig, führten die Nerven in den sprichwörtlichen Redensarten bei uns lange Zeit ein Schattendasein. Das liegt vor allem daran, dass man das Wort nicht so häufig verwendete, da es lateinisch fremd erschien und man es durchweg auf Muskeln und Sehnen bezog, wie der Ausdruck von den **»zum Zerreißen gespannten Nerven«** noch erkennen lässt. Als Wort für die »Leiter der Empfindungen«, wie sie schön das Grimm'sche Wörterbuch beschreibt, setzte sich »Nerv« erst richtig im 18. Jahrhundert durch, dann aber und gerade im Sprichwörtlichen höchst erfolgreich. Kein Wunder, entdeckten damals doch gerade Schriftsteller gefühlsstarke Schreibweisen, die wir unter den Namen »Empfindsamkeit« oder »Sturm und Drang« kennen. Ein nervöses Lebensgefühl breitete sich aus, das im 19. Jahrhundert stärker wurde und nach Ansicht mancher Historiker gar mit zum und in den Ersten Weltkrieg führte.

Als Gegensatz dazu pries man sprichwörtliche Nervenstärke, indem man die sehr feinen Strukturen bei Menschen kühlen Blutes mit Drahtseilen verglich, mit Stricken, mit Stahl u. Ä. Wenn man heute hört **»Du hast ja Nerven!«**, geht es im Negativen um Nerven, die ganz unempfindsam sind gegenüber dem Gebotenen und Angemessenen, wer aber ein **»Nervenbündel«** ist, der besteht gleichsam nur noch aus einem Gemengsel aus Nervenfasern, ist also überempfindlich. Wer dauernd »nervt«, also ärgert, der malträtiert die Nerven anderer und wird mir Recht drastisch als **»Nervensäge«** beschimpft.

Zunehmend liest und hört man in den letzten Jahren, dass etwas »enervierend« sei, was in gehobener Sprache auch nur sagt, dass etwas nervt.

jemand oder etwas fällt/geht einem auf die Nerven, jemand trampelt einem auf den Nerven herum

Bedeutung: jemand ist einem lästig

Hintergrund: Die beliebte Redensart kommt schon in Goethes Erfolgsroman »Die Leiden des jungen Werthers« von 1774 vor, wo eine Pfarrfrau erwähnt wird, die Nussbäume fällen ließ. Warum? »... und wenn die

Nüsse reif sind, so werfen die Knaben mit Steinen darnach, und das fällt ihr auf die Nerven ...«

Immer geht es darum, dass die höchst empfindlichen Nerven durch eine unangemessene Belastung malträtiert und geradezu mit Füßen getreten werden. Die Fülle an weiteren Varianten ist groß, beispielsweise **»auf den Geist/Senkel/Wecker/Keks gehen«**.

die Nerven sind zum Zerreißen gespannt

Bedeutung: sehr angespannt sein

Hintergrund: Schon 1787 in Schillers »Don Karlos«, 1. Akt, 5. Auftritt, liest man, wie der Titelheld verzweifelt ruft: »Weh'! ich fass' es nicht,/ Und meine Nerven fangen an zu reißen.« Hier ist wieder an die alte Auffassung der Nerven als Sehnen zu denken, die sich mit der damals neuen Bedeutung als Empfindungsfasern verknüpfte.

die Nerven liegen blank

Bedeutung: wegen Anspannungen extrem empfindlich/gereizt sein

Hintergrund: Normalerweise schützt umgebendes Gewebe die Nerven. Nervende Umstände oder Menschen machen uns immer reizbarer, als ob sie diese Schutzschicht gleichsam peu à peu abkratzten.

die Nerven verlieren, keine Nerven haben, jemandem den letzten Nerv rauben, nervtötend sein

Bedeutung: nervlich am Ende sein, die Ruhe/Beherrschung verlieren; jemanden die Fassung, Geduld verlieren lassen

Hintergrund: Die Redensarten setzten »Nerven haben« mit Selbstbeherrschung und mit starken Nerven gleich. Wer keine Nerven hat, sie verliert – besonders, wenn ein anderer sie einem raubt oder gar tötet –, ist nervlich am Ende und damit am Ende seiner Selbstbeherrschung.

die Nerven behalten, Nerven zeigen

Bedeutung: selbstbeherrscht/ruhig bleiben; nervös werden

Hintergrund: Wieder geht es um die Nervenstärke, die hier jemanden auszeichnet, der ruhig Blut bewahrt, obwohl Nervendes geschieht. Das Gegenteil ist **»Nerven zeigen«**. Das bezieht sich auf die Empfindlichkeit der Nerven und bedeutet, unruhig und unsicher zu werden.

den Nerv haben, etwas zu tun; Du hast vielleicht Nerven / einen Nerv!

Bedeutung: den Mut / die Frechheit haben, etwas zu tun; Vorwurf, sonderbare oder unerhörte Ideen zu haben

Hintergrund: Die Nerven stehen u. a. für Mut und Tatkraft, was die erste Redensart erklärt und die zweite im Grunde auch, denn Mut schlägt leicht in Tollkühnheit oder Unverschämtheit um. Da wundert man sich dann über solche Nerven, die einem solche Ideen eingeben.

Nervus rerum

Bedeutung: die Triebfeder, das Entscheidende, Geld

Hintergrund: Der bildungssprachliche Ausdruck heißt wörtlich übersetzt »der Nerv der Dinge« und umschrieb – erst im antiken Griechenland, dann im antiken Rom – das Geld, um das es schon damals vor allem ging. Wie der Nerv die Handlungen auslöst, so tut es auch das Geld. Seit Langem hat sich bei uns der klare Bezug auf das Geld gelöst und die Redensart verallgemeinert.

DIE HAUT

Ihre große Fläche, ihre offensichtliche Funktionsvielfalt und schließlich ihre rechtliche Bedeutung ließen eine ganze Reihe von Hautredensarten entstehen. In derber Weise sieht man sie als eine Art Sack, in der ein Mensch steckt, was viele Ausdrücke wie **»dastehen wie ein nasser Sack«**, **»fauler Sack«** oder **»alter Sack«** erklärt.

Dementsprechend repräsentiert die Haut sprichwörtlich oft das Wesen eines Menschen, weshalb man jemanden als **»gute Haut«** lobt oder als **»arme Wurschthaut«** bemitleidet. Aus unserer Haut können wir so wenig wie aus unserem Charakter, und so heißt es **»nicht aus seiner Haut herauskönnen«**, womit die Redensart **»aus der Haut fahren«**

eine besondere Intensität erfährt. Mit ihrer zweifachen Rolle als Schranke und Tor zwischen uns und der Umwelt beschäftigen sich weitere Redensarten, unter denen die bekanntesten die von der **»dünnen Haut«** und vom **»dicken Fell«** sind. Diese Verbindung zum Tierischen findet sich ebenso in der sprichwörtlichen Bezeichnung der Haut als **»Pelz«**, **»Leder«** oder **»Schwarte«**. So sehr die **»heile Haut«** zu erhalten absolut erstrebenswert ist, so kann das Durchdringen derselben doch sprichwörtlich positiv sein, wenn einem nämlich **»etwas unter die Haut geht«**.

mit Haut und Haaren

Bedeutung: ganz und gar, völlig

Hintergrund: Man findet die Redensart fast identisch – »hut unde hâr« – in alten Rechtsformeln, wo sie als Stabreim mit gleichen Anlauten der Hauptwörter einerseits eine Art der Bestrafung beschreibt – das Schlagen der Haut mit Ruten und das Scheren des Haars –, andererseits für den ganzen Leib steht. Wichtiger ist aber wohl das Bild gierigen Essens, das schon Luther verwendete und in den Märchen der Brüder Grimm besonders häufig in der Form **»mit Haut und Haar gefressen«** begegnet. Diese Formel fürs vollständige Vertilgen eignete sich so sehr gut für Vollständigkeit allgemein.

nur noch / nichts als Haut und Knochen sein

Bedeutung: völlig abgemagert sein

Hintergrund: Ob man, wie es manche Forscher tun, wirklich auf die Bibel-Formulierung »Ihre Haut hängt an den Gebeinen ...« (Klagelieder 4, 8) zurückgehen muss, um den Ausdruck zu erklären? Eher nicht, denn Menschen, die zu Skeletten abgemagert waren, gab es leider immer schon. Bei ihnen spannt sich die Haut so über die Knochen, als gäbe es kein Fleisch mehr darunter.

seine Haut zu Markte tragen, seine Haut so teuer wie möglich verkaufen

Bedeutung: sich großen Gefahren aussetzen / im Sex-Business arbeiten; sich in risikoreicher, schwieriger Situation behaupten

Hintergrund: Bereits im späten Mittelalter verwendete man beide Redensarten, die sich auf den üblichen Handel mit Tierhäuten bezogen, in derber Übertreibung auf den Menschen. Wer nur noch seine eigene Haut als Verkaufsgut besaß, befand sich in einer extrem elenden Lage. Dazu kam die Vorstellung, dass man in Kampfsituationen aller Art die heile Haut aufs Spiel setzt, sie gleichsam, in der Hoffnung, den Kampf zu gewinnen, zum Verkauf anbietet. Gerade dann ist es wichtig, sie »so teuer wie möglich«, also für möglichst viele erschlagene oder in die Flucht geschlagene Gegner »zu verkaufen«. Beide Redensarten beziehen sich heute ganz allgemein auf riskante Aktionen und schwierige Situationen.

In zweiter Bedeutung passt die Redensart zu im Sex-Business Arbeitenden, die ihre nackte Haut benutzen, um Geld zu verdienen.

jemandem die Haut abziehen, jemandem das Fell über die Ohren ziehen, jemanden/sich schinden

Bedeutung: jemanden rücksichtslos ausbeuten, jemanden betrügen/übervorteilen, jemanden quälen/ausbeuten/sich plagen / besonders anstrengen

Hintergrund: Wie in »seine Haut zu Markte tragen« gilt auch hier die Haut als letzter Besitz. Wer sie jemandem abzieht, ist ein rücksichtsloser Ausbeuter. In der saloppen Formulierung mit »Fell«, die beim Ausbalgen der Jagdbeute oder Schlachttiere üblich ist, hat sich die Bedeutung »betrügen/übervorteilen« durchgesetzt. Das Verb »schinden«, das wir noch in »Schindluder treiben« verwenden, ist ein altes Wort für »Hautabziehen«. Wer das mit jemandem macht, quält ihn; wer es mit sich selbst macht, quält sich, was für Anstrengung stehen kann.

sich seiner Haut wehren, mit heiler Haut davonkommen, seine eigene Haut retten

Bedeutung: sich energisch verteidigen, unverletzt/ungestraft etwas überstehen, sich retten – oft ohne Rücksicht auf andere

Hintergrund: Wiederum steht das in früheren Jahrhunderten noch viel präsentere Bild eines Kampfes mit Hauen und Stechen hinter den Ausdrücken. Die Haut steht nicht nur für sich selbst, sondern auch für den ganzen Menschen.

sich auf die faule Haut legen / auf der faulen Haut liegen, ein Faulpelz sein

Bedeutung: nichts tun, faulenzen

Hintergrund: Über die alten Germanen schrieb der römische Autor Tacitus, dass sie auf Bärenhäuten schliefen. Das ging ab dem 16. Jahrhundert in die sprichwörtliche Rede ein, so dass es noch im 17. Jahrhundert über Nichtstuer hieß, **»auf der faulen Bärenhaut liegen«** – eigentlich »auf der Bärenhaut faulen vor lauter Nichtstun« – oder **»ein Bärenhäuter sein«**. Daraus bildeten sich im 19. Jahrhundert die heutigen Formen.

aus der Haut fahren, nicht aus seiner Haut können

Bedeutung: sehr wütend werden; sich / sein Wesen nicht ändern können

Hintergrund: Einerseits steht hier die Haut für das Wesen eines Menschen, andererseits für ihre Funktion als Schutz- und Bergeschicht vor der Umwelt. Wer aus der Haut fährt, zeigt die vorher verborgenen Wutgefühle plötzlich offen, und wer wütend ist, ist sprichwörtlich **»außer sich«**. Schon das beweist, dass **»nicht aus seiner Haut zu können«** nur eine Schutzbehauptung ist.

jemandem ist / jemand fühlt sich nicht wohl in seiner Haut, nicht in jemandes Haut stecken wollen

Bedeutung: sich sehr unbehaglich fühlen; nicht an jemandes Stelle/in seiner Lage sein wollen

Hintergrund: Für das Wesen eines Menschen steht »Haut«, weil sie so empfindlich ist und er ganz in ihr steckt. So erklärt sich auch, dass sich jemand in Unglück, Bedrängnis oder Not wünscht, in der Haut eines anderen zu stecken, wohingegen dieser andere sicher nicht mit einem tauschen möchte.

eine gute/ehrliche/arme Haut oder Wurschthaut sein

Bedeutung: ein anständiger/ehrlicher/beklagenswerter Mensch sein

Hintergrund: Die Reihe ließe sich noch verlängern. »Haut« repräsentiert den ganzen Menschen, der durch ein Adjektiv beschrieben wird. Die vor allem süddeutsche **»Wurschthaut«** spielt mit dem Bild einer schlaffen, ausgesaugten, leeren Wurstpelle überzeugend auf einen bedauernswerten Menschen an.

Gänsehaut bekommen, etwas geht einem unter die Haut

Bedeutung: von etwas sehr erregt oder berührt sein – aus Freude, Spannung, Schaudern etc.

Hintergrund: Der Körper reagiert unwillkürlich auf bestimmte intensive Erregungszustände mit dem Aufstellen der Haare. Bei Tieren ist dieses Haaresträuben gut sichtbar, bei Menschen sieht man wegen der deutlich geringeren Anzahl und Länge der Haare in der Regel lediglich an eine Gänsehaut erinnernde kleine Erhebungen. Seit Jahrzehnten hat sich die Wendung **»eine Gänsehaut bekommen«** von der einstmals klaren Verbindung mit Schaudern gelöst und kann als **»Gänsehaut-Feeling«** durchweg höchstes Lob ausdrücken, genau wie **»das geht einem unter die Haut«**. Hierbei handelt es sich wohl um eine Übernahme aus dem Englischen, wo **»to get under someone's skin«** aber weit mehr, nämlich auch große emotionale Nähe bezeichnet oder sich in etwas zu vertiefen.

dünnhäutig/dickfellig sein, ein dickes Fell haben

Bedeutung: sehr empfindlich sein; unempfindlich sein, viel aushalten können

Hintergrund: Während die sprichwörtlich dünne Haut sehr durchlässig für Emotionen, Wahrnehmungen etc. ist, macht der Sprung ins Tierische – »Fell« steht hier ja für »Haut« – deutlich, dass jemand eine ungewöhnliche seelische Unempfindlichkeit besitzt, allerdings auch sehr viel aushalten kann, weil das dicke Fell wenig durchlässt.

jemandem das Fell gerben, jemanden versohlen, jemandem ans Leder wollen

Bedeutung: jemanden verprügeln; jemanden angreifen wollen

Hintergrund: Das Prügeln wird hier mit dem Gerben verglichen, durch das Leder geschmeidig weich gemacht wird, sowie mit dem Besohlen von Schuhen, wozu viele Schläge nötig sind. »Leder« schließlich steht oft auch für »Haut«, die wiederum für den Menschen.

jemandem auf die Pelle / auf den Pelz rücken

Bedeutung: unangenehm dicht an einen heranrücken, ihn bedrängen – auch mit Forderungen

Hintergrund: »Pelle«, sonst für Kartoffelschalen oder Wursthaut verwendet, und das Tierwort »Pelz« überträgt die Umgangssprache mit launiger Frechheit auf die Haut als Repräsentantin des Menschen.

jemandem/sich eine Laus in den Pelz setzen, jemandem eine Kugel auf den Pelz brennen

Bedeutung: jemandem oder sich selbst Ärger/Unannehmlichkeiten bereiten; auf jemanden schießen

Hintergrund: »Pelz« steht hier wiederum salopp für die Haut des Menschen und diesen selbst. Die Laus in der Redensart steht als lästiger Parasit für Unannehmlichkeiten aller Art. Die zweite, der Jägersprache entstammende Redensart stellt einen Menschen sprachlich mit einem Beutetier auf eine Stufe.

bis die Schwarte kracht

Bedeutung: bis zur Erschöpfung, sehr angestrengt

Hintergrund: »Schwarte« bezeichnete ursprünglich ganz einfach die Haut, auch die menschliche, besonders aber die behaarte. Heute wirkt die Redensart sehr salopp, weil die meisten das Wort nur noch von »Speckschwarte« oder anderen Schweinevokabeln her kennen. Das damit verbundene »krachen« beschrieb früher das lautstarke Aufplatzen der Haut. So hieß **»arbeiten, bis die Schwarte kracht«**, so hart schuften, dass einem die Haut davon aufplatzt. Von hier aus entwickelte sich die Redensart zu einem fast auf alle Tätigkeiten anwendbaren Steigerungsausdruck.

DIE KNOCHEN

Vor allem, wenn sie brechen oder schmerzen, werden wir uns ihrer bewusst. Früher begegneten sie uns öfter: im Beinhaus – »Bein« ist ja ein anderes Wort für »Knochen« –, auf Schlachtfeldern und an Galgen voller vor sich hin faulender Delinquenten.

Unser Skelett, das uns so stetig durchs Leben trägt, schreckte schon immer, sah man es ganz allein für sich. Die englische Redensart **»a skeleton in the closet«** versteckt es in einer geheimen Kammer, wo es vor allem für drohende Armut steht.

Einzelne Knochen machten sprichwörtliche Karriere wie die Elle, die wir aus **»ellenlangen Gesprächen«** etc. kennen, oder die Rippe, vor allem dank ihrer Rolle in der zweiten Schöpfungsgeschichte der Bibel. Oder das Schienbein, das wie gemacht zu sein scheint, um dagegen zu treten. Die Schädelknochen wurden schon im ersten Kapitel abgehandelt, und der Musikknochen wird hier vernachlässigt, weil er ein Einzelwort ist.

Die Dauerhaftigkeit und Härte der Knochen wird so sehr bewundert, dass man auf so manches **»Stein und Bein schwört«**, und sogar einen Filmtitel »Werner – Beinhart!« gibt es.

Sonst stehen die Knochen und ihr Inneres, das Mark, sprichwörtlich für das Innerste, so dass man sich **»bis auf die Knochen blamieren«** kann. Dass kaum jemand ihre Zahl kennt (ca. 205), macht nichts, denn man ja **»die Knochen nummerieren«**.

sich die Knochen nummerieren lassen

Bedeutung: schwere Prügel angedroht bekommen

Hintergrund: Mit der umgangssprachlichen Redensart – oft in der Form **»Lass schon mal deine Knochen nummerieren!«** – droht man damit, jemanden so heftig zu verprügeln, dass seine Knochen dabei durcheinandergeraten werden, weshalb eine vorherige Nummerierung zum ordentlichen Rearrangement geraten sei.

etwas geht auf die Knochen, die Knochen für jemanden/etwas hinhalten

Bedeutung: etwas ist/war sehr anstrengend; sich für jemanden/etwas opfern bzw. mit hohem eigenem Risiko einsetzen

Hintergrund: Bei schwerer Arbeit schmerzen die Knochen und zeigen nach einiger Zeit wegen Arthrose schmerzhafte Anzeichen ihrer Belastung. Daraus ergab sich die Anstrengungsredensart und darauf aufbauend die zweite, wo sich jemand für einen anderen angestrengt einsetzt. Die Bildlichkeit eines Kampfes, bei dem jemand sich und seine Knochen gefährdet, kommt dazu.

etwas fährt einem in die Knochen/Glieder, etwas steckt einem (noch) in den Knochen

Bedeutung: etwas berührt einen stark; etwas wirkt stark in einem nach

Hintergrund: Knochen und Mark stehen für das Innerste, aber auch für die Lebenskraft eines Menschen. Die Redensarten beziehen sich besonders auf Krankheiten, die sie schwächen und zu Empfindungen führen wie Kälte, Schmerzen, Zug etc., die tief innen im Körper spürbar sind. Diese physischen Erfahrungen übertrug man auf starke, tiefgehende Empfindungen wie Schrecken etc.

ein harter Knochen

Bedeutung: ein unnachgiebiger, harter Mensch

Hintergrund: Knochen stehen sprichwörtlich für Härte, aber auch für den Menschen an sich, sodass die Redensart einen doppelt harten Menschen beschreibt.

bis auf die Knochen / ins Mark, etwas geht einem durch Mark und Bein / durch Mark und Pfennig

Bedeutung: durch und durch/völlig; etwas geht einem durch und durch

Hintergrund: Die Knochen stehen hier für das Innerste, ihr Mark für das Innerste des Innersten. Einen Schreck, einen Schmerz oder einen Schock empfand man als bis dorthin wirkend und sagte beschreibend

»das geht mir durch Mark und Bein« oder als witziges Wortspiel mit der alten deutschen Währung **»durch Mark und Pfennig«**.

Wegen ihrer Rolle als Innerstes des Körpers bildeten sich weitere, witzig gesteigerte Redensarten wie **»nass bis auf die Knochen sein«** oder **»sich bis auf die Knochen blamieren«,** also von Grund auf.

sich etwas nicht aus den Rippen schneiden/leiern können

Bedeutung: nicht wissen, woher man etwas, besonders Geld, hernehmen soll

Hintergrund: Hinter dieser Redensart steht die biblische Geschichte von der Erschaffung der ersten Frau. Gott lässt Adam einschlafen, entnimmt ihm eine Rippe und formt daraus Eva. So ein Kunststück bringt kein Mensch fertig, nicht einmal Geld kann er sich **»aus den Rippen schneiden«**, wobei »schneiden« in alter Bedeutung auch »formen« heißen kann. Bleibt das »leiern«: Es klingt ganz ähnlich wie »leihen«, und wenn jemand das unentwegt versucht, nervt es. Der Volksmund stellte einen Zusammenhang mit dem Instrument Drehleier her. Wegen ihres einförmigen Klangs und Rhythmus steht sie schon immer für das Schlichte, Langweilige, Wiederholte. Damit erklärt sich der genervte Ton der Redensart. Selbst wenn man es unentwegt versuchte, könnte man sich nichts aus den Rippen leiern.

jemandes Rippen zählen können, nichts auf den Rippen haben

Bedeutung: sehr dünn sein

Hintergrund: Bei Wohlbeleibten bedeckt Fleisch die Rippen, bei sehr Dünnen fehlt es, und so sieht man die Rippen so deutlich, dass man sie zählen kann.

KÖRPERFLÜSSIGKEITEN
UND AUSSCHEIDUNGSPRODUKTE

Sprichwörtlich und berühmt wurde Churchills Kriegsrede vom 13. Mai 1940, in der er sagte, er habe nichts anzubieten als **»blood, toil, tears and sweat«**, also »Blut, Mühsal, Tränen und Schweiß«. Seine Worte fußen auf vielen ähnlichen Reden und Aussprüchen der Weltgeschichte, die auf schwierigste Zeiten einzuschwören versuchten und auf die Opfer, die Anstrengung, die sie fordern werden. Urin und Scheiße fehlen aus gutem Grund, da sie nicht zum Heroischen oder zur Anstrengung passten, und überhaupt störten sie mit ihrer Anstößigkeit. »Scheiße« hat nicht einmal ein Pendant in der Normalsprache, wo man »Kot« eher im Zusammenhang mit Tieren verwendet, »Stuhlgang« und »Defäkation« den Vorgang medizinisch beschreiben und »Kacke« kleinkindhaft klingt.

Alle genannten Körperflüssigkeiten und Ausscheidungsprodukte haben gemein, dass sie sich höchst alltäglich und massenhaft in sprichwörtlichen Redensarten, Ausrufen und Zitaten finden. Gerade im Deutschen ist die Analsprache im Fluchen und Schimpfen verbreitet. **»Scheiße!«** ist das häufigste Fluchwort- und Verstärkungswort überhaupt – **»Scheißangst«**, **»Scheißkerl«** beispielsweise –, doch auch der **»kleine Pisser«**, der **»sich verpissen«** soll, ist nicht selten. Während die mit Urin und Kot und übrigens auch mit »Schleim« verbundenen Redensarten eindeutig negativ sind, werden die anderen Körperflüssigkeiten wie Blut, Schweiß und Tränen oder auch Speichel durchaus ambivalent verwendet.

So verächtlich etwa das Anspucken eines Menschen ist, so tüchtig erscheint einer, der **»in die Hände spuckt«**. Während **»eine Träne im Knopfloch«** heiter erscheint, erscheint jemand, der **»auf die Tränendrüse drückt«**, lächerlich. Wo einer ehrenhaft **»im Schweiße seines Angesichts«** sein Brot verdient, **»schwitzt«** einer anderer **»wie ein Schwein«** – dabei können die das eigentlich gar nicht.

Und schließlich das Blut mit seiner ungeheuer bedeutenden Stellung im Aberglauben, in den Religionen, in der Medizin, in Mythen, Märchen und Literatur, in Krieg und Frieden. So beziehen sich die zahllosen sprichwörtlichen Blut-Redensarten auf ähnlich viele Gebiete, vom **»blauen Blut«** über **»Blut lecken«** bis hin zu den **»Blutsbrüdern«**. Viel zu selten spielt seine Schönheit eine Rolle, sehr häufig dagegen seine lebenserhaltende Kraft, die Art seines Flusses und seiner Temperatur als Spiegel des Gemüts und Sitz des Temperaments, schließlich seine verräterische Kraft, wenn es **»an jemandes Händen klebt«**.

Blut ist dicker als Wasser.

Bedeutung: Verwandtschaftliche Bindungen sind stärker als alle anderen.

Hintergrund: Ob es einen Erfinder des Sprichworts gibt, ist unklar, klar ist allerdings, dass es mindestens schon bei Walter Scott im 19. Jahrhundert im gleichen Sinn verwendet wird. »Blut« steht hier für »Blutsbande« im Sinn von »Blutsverwandte«, »Wasser« für alle anderen, zufällig mit einem Verbundenen. Bei uns machte Kaiser Wilhelm II. das Wort populär, der es mehrfach offiziell einsetzte, um beschwörend auf die verwandtschaftliche Verbindung der Herrscher in Deutschland und Großbritannien hinzuweisen.

jemand ist heißblütig, jemandem kocht das Blut (in den Adern)

Bedeutung: jemand ist leicht erregbar und leidenschaftlich; jemand ist sehr erregt und zornig

Hintergrund: Leidenschaften, gerade auch Ärger und Wut, führen zu einem subjektiven und objektiven Gefühl von Hitze, was man seit der Antike schon auf die Temperatur des Blutes zurückführte. Den Südländern sagte man über Jahrhunderte nach, **»heißblütig«** im Sinn von »leidenschaftlich, leicht erregbar« zu sein, was Kompliment wie Tadel sein konnte. In konsequenter Übersteigerung stellte man sich vor, das Blut könne bei hitziger Wut sogar kochen.

ruhiges/kaltes Blut bewahren, Nur ruhig Blut!, jemand ist kaltblütig, jemandem gefriert/stockt das Blut in den Adern

Bedeutung: Ruhe und Gelassenheit bewahren; Nur keine Aufregung!; beherrscht / sehr ruhig sein; starr vor Schrecken sein

Hintergrund: Das ruhig fließende, kalte Blut steht sprichwörtlich vor allem im positiven Gegensatz zu dem hitzig kreisenden. Es repräsentiert das gerade in Zentral- und Mitteleuropa über Jahrhunderte propagierte

Ideal der Gelassenheit in jeder Lage. In Verbindung mit der inzwischen veralteten biologischen Klassifizierung »Kaltblüter« für die in schlechtem Ruf stehenden Reptilien entstand allerdings auch die negative Bedeutung »gefühllos«, die in Wendungen wie »kaltblütiger Mord« u. Ä. greifbar ist. Das Gefühl, das Herz würde aussetzen, das man bei großem, plötzlichem Schrecken hat, führte dann noch zu den übertreibenden Redensarten vom Stocken und Gefrieren des Bluts.

blaues Blut in den Adern haben

Bedeutung: adlig sein

Hintergrund: 780 Jahre lang lebten und herrschten auf der iberischen Halbinsel die Mauren, was vom griechischen Wort für »braun« kommt. Im Gegensatz zu diesen eher dunkelhäutigen Menschen sowie zu den sonnenverbrannten Landarbeitern empfand sich die christliche Nobilität Spaniens als hellhäutig. Vor allem für Frauen gehörte es sich, im Haus zu bleiben und die Sonne zu meiden. So blieben sie eher blass, und man sah bei ihnen zuweilen an den Schläfen die Venen blau durchschimmern. Diesen angeblichen Adelsnachweis nannte man *sangre azul*, »blaues Blut«. Der Ausdruck verbreitete sich spätestens mit der Übersetzung spanischer Klassiker im 18. Jahrhundert auch in Deutschland.

Blut geleckt haben

Bedeutung: überraschend Gefallen an etwas finden und nicht mehr darauf verzichten wollen, auf den Geschmack gekommen sein

Hintergrund: Jagdhunde, aber auch Mardern und Wieseln sagt man nach, dass das Blut der Opfertiere ihren Jagdeifer steigere, ja zu einer Art Blutdurst führen könne, woraus sich aufs Menschliche übertragen dann die Bedeutung »Eifer, Gefallen und Lust entwickeln« ergab.

Blut und Wasser schwitzen

Bedeutung: in größter Aufregung/Anspannung sein, große Angst vor Misserfolg haben, sich sehr anstrengen

Hintergrund: Das Schwitzen bei großer Aufregung ist allgemein bekannt, ebenso die schon im hohen Mittelalter bekannte sprichwörtliche Steigerung, dass man sogar Blut schwitze. Die Doppelformel »Blut und Wasser« kam freilich auch sonst oft vor, besonders prominent im Zusammenhang mit der Kreuzigung Christi. Als er mit einer Lanze in die Seite gestochen wird, heißt es »... und alsobald ging Blut und Wasser heraus«.

Weiß man, dass »Schweiß« in der Jägersprache »Blut« bezeichnet, erklärt sich ein weiterer Hintergrund der Redensart.

Blut sehen wollen

Bedeutung: eine extreme Steigerung von etwas wünschen

Hintergrund: Bis weit ins 20. Jahrhundert hinein war es – man denke an die NS-Strafjustiz – eine durchaus realistische Forderung vor Gericht oder in heftigen Auseinandersetzungen, Blut sehen zu wollen. Längst beschreibt die Redewendung durchweg nur noch einen allgemeinen Wunsch nach einer extremen Steigerung.

böses Blut machen/schaffen

Bedeutung: Unzufriedenheit, Wut, Erbitterung erregen

Hintergrund: »Blut« steht hier für das Temperament und die Einstellung eines Menschen oder einer Gruppe, »böse« für »wild« und »unzufrieden«.

ein blutiger Anfänger sein, blutjung / ein junges Blut sein

Bedeutung: unerfahren, sehr jung sein

Hintergrund: Hier kommt zweierlei zusammen. Das besonders bedeutsame, geheimnisumwitterte Blut diente – ähnlich wie in anderen Sprachen (vgl. *bloody*) – als Steigerungswort, und zwar sowohl als »blutig« oder als »Blut« selbst. Dazu steht »Blut« für »Leben«, und so kann **»blutjung«** auch »jung an Jahren« bedeuten.

bis aufs Blut peinigen, provozieren, reizen u. Ä.

Bedeutung: bis zum Äußersten quälen/provozieren/reizen

Hintergrund: Ursprünglich handelte es sich um einen Rechtsbegriff, denn teils bis ins frühe 19. Jahrhundert entschieden Richter, ob körperliche Strafen oder die peinliche Befragung – Folter – **»bis aufs Blut«** oder unblutig auszuführen seien. Da es sich in beiden Fällen um eine Steigerung handelte, lag es nahe, »bis aufs Blut« auch auf andere Bereiche zu übertragen.

jemandem liegt etwas im Blut, jemandes Fleisch und Blut sein

Bedeutung: eine angeborene Begabung für etwas haben, jemandes Nachkomme sein

Hintergrund: Seit der Antike und bis zum Rassenwahn im 20. Jahrhundert sah man das Blut als einen Stoff, der Wesen, Temperament und weitere Eigenschaften eines Menschen nicht nur beeinflusste, sondern geradezu enthielt. So ergab sich auch die Vorstellung, Talente und allerlei anderes Angeborene »liege einem im Blut«.

Die offizielle Erklärung **»das ist mein Fleisch und Blut«** war seit dem hohen Mittelalter die rechtsverbindliche Anerkennung von Nachkommen.

jemandem geht etwas ins Blut, etwas ist in Fleisch und Blut übergegangen, ein eingefleischter Junggeselle sein

Bedeutung: etwas überträgt sich anregend auf jemanden, etwas ist einem zur zweiten Natur geworden, sodass man es vollkommen beherrscht; ein notorischer Junggeselle sein

Hintergrund: Weil man das Blut als innerlich prägend ansah, sagte man auch von äußeren Einflüssen, die einen innerlich stark und prägend berührten, das sie »ins Blut gehen«. Die Zwillingsformel »Fleisch und Blut« steht für die Gesamtheit des Menschen, der im Gegensatz zu Geistern oft mit den Worten **»aus Fleisch und Blut«** charakterisiert wird. Was einem **»in Fleisch und Blut übergeht«**, wird einem ganz zu eigen.

Bei der dritten Redensart ist es ähnlich, denn dem Junggesellen ist sein Leben ohne Frau geradezu zu einer körperlichen Eigenschaft geworden; freilich handelt es sich bei »eingefleischt« auch um einen zentralen christlichen Ausdruck. Im Glaubensbekenntnis heißt es von Christus, er sei *incarnatus*, wörtlich übersetzt »eingefleischt« worden, also vom Gott zum Menschen geworden.

Blutsbrüder sein, Blutsbrüderschaft schließen

Bedeutung: besonders enge Freunde sein; eine besonders enge Freundschaft schließen

Hintergrund: Vor allem Karl May sorgte mit seinen Beschreibungen vom Schließen der Blutsbrüderschaft im Wilden Westen, aber auch im Orient dafür, dass der Ausdruck und die Nachahmung des Rituals einer Blutmischung nicht verwandter Freunde als Siegel unverbrüchlicher Treue ungeheuer populär wurden. Allerdings findet sich das Ritual in unterschiedlicher Ausformung in vielen Kulturen, das Wort schon im »Nibelungenlied« und in manchen Märchen. »Blut« dient allerdings in vielen Fällen auch bloß als ein Steigerungswort, um eine sehr enge Freundschaft zu bezeichnen.

bluten/schwitzen wie ein Schwein

Bedeutung: sehr stark bluten/schwitzen

Hintergrund: »Schwein« und »Sau« dienen sprichwörtlich oft als Verstärkungsworte wie in **»saustark«** oder **»schweinekalt«**; außerdem blutet beim Schlachten ein Schwein tatsächlich sehr stark.
»Schwitzen wie ein Schwein«, ist eigentlich unsinnig, weil die Tiere es nicht können. Hier spielt wohl neben der Verstärkung der gleiche Beginn der beiden Wörter die entscheidende Rolle. Dass »Schweiß« jägersprachlich für »Blut« steht, hat hier wohl keine Bedeutung.

etwas im Schweiße seines Angesichts tun

Bedeutung: etwas unter großer Anstrengung tun

Hintergrund: Das geflügelte Wort stammt aus der Bibel, wo in 1. Moses 3, 19 Gott Adam bei der Vertreibung aus dem Paradies verflucht: »Im Schweiße deines Angesichts sollst du dein Brot essen ...«, was, wie auch die folgenden Worte unterstreichen, für Mühsal, Not, Arbeit steht.

in Schweiß gebadet sein

Bedeutung: extrem schwitzen, am ganzen Körper schweißnass sein

Hintergrund: Bei extremer Hitze oder schwerer Krankheit fließen tatsächlich unerhört große Mengen Schweiß, die den Vergleich mit einem Bad darin rechtfertigen.

Das hat viel Schweiß (der Edlen) gekostet. / Das ist den Schweiß der Edlen wert.

Bedeutung: Etwas hat den Einsatz bedeutender Menschen erfordert. Etwas ist wert, sich dafür intensiv einzusetzen.

Hintergrund: Das geflügelte Wort, heute oft scherzhaft gebraucht, fußt auf Friedrich Gottlieb Klopstocks Ode »Der Zürchersee«, wo es heißt, Unsterblichkeit wie Liebe seien »des Schweißes der Edlen wert«.

die Früchte seines Schweißes ernten

Bedeutung: den Erfolg und seine positiven Folgen genießen

Hintergrund: »Schweiß« steht schon wegen der biblischen Verwendung im Zusammenhang mit der Vertreibung Adams aus dem Paradies bei uns für »Arbeit« und »Anstrengung«. Was dabei herauskommt, sind dann die »Früchte des Schweißes«.

keinen Schweiß riechen können

Bedeutung: faul sein

Hintergrund: In der Umgangssprache ist diese Redensart beliebt, um jemandes Trägheit zu beschreiben, der gleichsam an einer Schweißallergie leidet und deshalb alle Anstrengungen scheut.

etwas im Urin haben/spüren

Bedeutung: etwas ahnen, intuitiv wissen

Hintergrund: Harnschau betreiben Ärzte mindestens seit der griechischen Antike bis heute. Am Urin eines Menschen erkannte man schon sehr früh Krankheiten wie Diabetes. Mit gewisser Wahrscheinlichkeit entstand die saloppe Redensart erst ab etwa 1930 in Soldatenkreisen, aber auch im Zusammenhang mit der Harnschau, die über das Schicksal – Einsatz oder Krankschreibung – des Soldaten entschied und sich daher wohl als Bild für Zukunftsschau und Intuition anbot. Über Studentenkreise soll sie sich im Zivilen verbreitet haben.

Das ist mein Urin!

Bedeutung: Das ist mein Ruin!

Hintergrund: Durch Vertauschen der Buchstaben von »Ruin« kommt man zu der heiter-derben Redensart.

sich verpissen, die kalte Pisse kriegen

Bedeutung: abhauen, lange und oft auch vergeblich warten

Hintergrund: Aus dem Französischen *(pisser)* übernahmen wir den lautmalerischen Ausdruck, der das Rieseln des Harnens nachahmt. Der eigentlich nord- und mitteldeutsche Ausdruck fand über die Umgangssprache auch in anderen Gebieten, wo »brunzen« u. Ä. üblich war, Verbreitung. **»Verpiss dich!«** ist eine verächtliche Aufforderung, sich ähnlich davonzumachen, wie Pisse verfließt. Inzwischen verwendet man sie längst ironisch auch auf sich selbst: »Ich verpiss mich mal.« Die zweite Redensart ist für mich nicht gut erklärbar. Vielleicht haben Leser und Leserinnen eine Idee? Bitte an *schuressig@yahoo.de* schreiben! Ich freue mich über jede Idee.

den Kleinen mal pinkeln lassen

Bedeutung: als Vater wegen der Geburt eines Sohnes zum Trinken einladen

Hintergrund: Die Redensart verbreitet sich seit einigen Jahrzehnten langsam vom Rheinland aus. Dort vergleicht man heiter den Alkohol, den ein Vater aus Freude über einen neugeborenen Sohn ausgibt, mit dessen erstem Pinkeln.

Essen und das Gegenteil

»Ich kann gar nicht so viel fressen, wie ich kotzen möchte.«
(Max Liebermann/Berliner Volksmund)

großkotzig sein = ein Angeber sein; kommt allerdings von jiddisch »kozin« für »Reicher«, dann auch »Großsprecher«

rückwärts essen / mir kommt es hoch / reihern / sich übergeben / Bröckchen husten = kotzen

etwas mit der Muttermilch aufgesogen haben = etwas ist einem wie eine zweite Natur, erfahren in etwas sein

eine Beißhemmung haben = jemanden nicht angreifen, tadeln können

in den sauren Apfel beißen müssen = eine unangenehme Sache tun müssen

Eine Kröte / etwas schlucken müssen = eine unangenehme Sache hinnehmen müssen

etwas ausgefressen haben = etwas angestellt haben

etwas gefressen haben = etwas verabscheuen, etwas verstanden haben

jemandem alles vorkauen müssen = jemandem alles sehr deutlich erklären müssen

jemandem zum Fressen gern haben = jemanden besonders gern haben

einen Narren an jemandem gefressen haben = begeistert von jemandem sein, ihn lieben

ein gefundenes Fressen sein = jemandem sehr gelegen kommen

ein armer Schlucker sein = sehr arm sein

ins Gras beißen = sterben

ein feiner Pinkel sein, Du Pisser!

Bedeutung: ein arroganter, übertrieben fein angezogener Mann / ein Geck oder Stutzer sein; Ausdruck der Verachtung

Hintergrund: Die abschätzige Betitelung eines Menschen mit »Pinkel«, der Substantivierung von »pinkeln«, macht sich über einen Reichen lustig, der, aus der Unter- oder Mittelschichtenperspektive gesehen, wegen seiner übertriebenen Kleidung oder seines gezierten Verhaltens lächerlich wirkt. Eine ähnliche Substantivierung liegt im Schimpfwort »Pisser« vor. In beiden Fällen reduzieren die Redensarten derb einen Mann auf das Urinieren.

da bleibt mir die Spucke weg

Bedeutung: vor Überraschung/Staunen sprachlos sein

Hintergrund: Große Aufregung verursacht tatsächlich nicht selten einen trockenen Mund, was am Sprechen hindert.

große Töne spucken

Bedeutung: sich aufspielen

Hintergrund: Seit etwa 1000 Jahren steht »Ton« auch für die Rede, das gesprochene Wort. Vor etwa 100 Jahren kamen saloppe Varianten mit »Töne« auf, darunter Überraschungsausdrücke wie **»Haste Töne!«**, also in der Art »Da bin ich sprachlos!«, oder dann auch Wendungen wie **»dicke, große, hohe, Töne spucken, reden, kotzen, schwingen«**. Dabei geht es um prahlerisches, lautes, damit auch feuchtes, spuckendes Reden.

jemandem in die Suppe spucken

Bedeutung: jemandes Pläne/Vorhaben vermiesen oder vereiteln

Hintergrund: Die Suppe war für weite Bevölkerungskreise über Jahrhunderte die übliche Speise. Sie stand fast jeden Tag vor einem auf dem Tisch und konnte deshalb auch allgemein für Vorhaben, Pläne, zu Erledigendes, ja einfach für »Sache« stehen. Das Spucken in die Suppe machte sie für den Esser ekelhaft, was die Redensart auf das Vermiesen von Sachen etc. überträgt.

in die Hände spucken

Bedeutung: eifrig etwas anpacken, tüchtig arbeiten wollen

Hintergrund: Schwielige, trockene Arbeiterhände gleiten von Holzstielen von Werkzeugen leicht ab, weshalb sich seit Urzeiten tüchtige Leute in die Hände spucken, um mehr Grip zu bekommen. Die Geste verselbstständigte sich und wurde sprichwörtlich.

jemandem auf den Kopf spucken (können)

Bedeutung: jemanden verachten, als klein verspotten

Hintergrund: Rein körperlich kann das nur ein Größerer einem Kleineren antun. So erklärt sich der Spott Kleineren gegenüber, aber auch eine allgemeine Verachtung, weil man den anderen als mickrig und bespuckenswert charakterisiert.

ein Schleimer sein, auf seiner Schleimspur ausrutschen, Schleimpunkte sammeln

Bedeutung: ein anbiedernder Mensch, extrem anbiedernd sein, sich lieb Kind machen

Hintergrund: Die Schimpfwörter »Speichellecker« und »Kriecher« für unangenehm unterwürfige und sich anbiedernde Personen sind schon alt. Vom »Kriecher« entwickelte man früh den Bezug zur Schnecke, die auf ihrem Schleim kriecht, woraus sich alle drei Redensarten gut erklären.

eine kleine Rotznase sein, sich benehmen wie Rotz am Ärmel, frech wie Rotz am Ärmel / rotzfrech sein

Bedeutung: ein freches Kind sein, unverschämt frech sein

Hintergrund: Den derben Ausdruck »Rotz« für den Nasenschleim hört man meist in abschätzigen Bemerkungen, sieht man von der oft ironischen Redensart **»Rotz und Wasser heulen«** ab. Er dient auch als Steigerungswort wie in »rotzfrech sein«.

Einem frechen Kind unterstellt man, sich noch nicht einmal richtig die Nase putzen zu können, und unverschämten Menschen, dass sie sich unkultiviert mit dem Ärmel die Nase wischen, auf dem dann Rotz hängen bleibt. Zur Steigerung überträgt man das Verhalten auf den Rotz selbst.

Rotz und Wasser heulen

Bedeutung: sehr heftig weinen

Hintergrund: Starkes Weinen regt tatsächlich auch unverkennbar die Nasenschleimhäute zur Produktion an, und so fließen nicht nur Tränen, sondern auch der Rotz.

Das ist alles Scheiße/Mist! Alles Scheiße, deine Elli/Emma!

Bedeutung: Das taugt alles überhaupt nichts!

Hintergrund: Den derben Ausruf, der ausdrückt, dass etwas ähnliche Qualität hat wie Exkremente, verwendet man spätestens seit dem 17. Jahrhundert, doch schon ein halbes Jahrhundert zuvor benutzte man das Wort »Scheiße«, um zu fluchen oder Ablehnung zu zeigen. Unter Briefen stand sehr häufig die Grußformel »Alles Gute/Liebe, deine ...«, woraus sich die scherzhafte Variante der Redensart entwickelte.

Scheiße/Mist bauen, in der Scheiße / im Dreck sitzen, jemandem steht die Scheiße bis zum Hals, jemanden in die Scheiße reiten

Bedeutung: einen schweren Fehler begehen; in einer miesen Situation sein; jemanden in eine miese Situation bringen

Hintergrund: »Scheiße« stand schon früh nicht nur für wertlose, schlechte Dinge, sondern auch für äußerst unangenehme Situationen. »Bauen« kann auch »herbeiführen« bedeuten. »Dreck« ist ein Synonym für »Scheiße«.

Allerlei Redensarten verstärkte man durch Ersetzen von Wörtern durch das derbe »Scheiße«, so z.B. **»das Wasser steht bis zum Hals«** oder **»auf den Putz hauen«** für »großspurig sein, angeben«, wo man für »Putz« gern »Kacke« einsetzt.

sich um jeden Scheißdreck kümmern

Bedeutung: sich um jede lächerliche Kleinigkeit kümmern

Hintergrund: Was als »scheiße« bezeichnet wird, ist verächtlich, Scheißdreck ist es umso mehr. Wer sich um jede noch so wertlose Kleinigkeit kümmern zu müssen meint, drückt durch die Redensart seinen Ärger darüber aus. Von anderen wird er womöglich dann noch als »Penibilist« und »Korinthenkacker« verspottet.

auf jemanden / etwas / die Welt scheißen, jemandem was/eins scheißen

Bedeutung: jemanden tief verachten / etwas nicht wollen; sich alles gleichgültig sein lassen, jemandes Wunsch, Bitte, Anliegen derb abweisen

Hintergrund: Wer ostentativ vor einem anderem schiss, zeigte demjenigen tiefe Verachtung und Ablehnung. Das kam früher durchaus vor, wie Quellen des späten Mittelalters, dann auch Eulenspiegelschwänke der frühen Neuzeit beweisen, wo der Schelm verächtlich vor anderen einen Haufen machte. Man nannte dieses beschimpfende Verhalten auch **»jemandem was/eins scheißen«**.

Auf dem Bild »Niederländische Sprichwörter« malte Pieter Bruegel der Ältere 1559 einen Menschen, der im Wortsinn »auf die Welt scheißt«, einen Globus nämlich.

jemanden bescheißen, jemandem geht es beschissen

Bedeutung: jemanden betrügen/übervorteilen; jemandem geht es schlecht

Hintergrund: »Scheiße« dient hier einerseits als Verstärkungswort, das »-trügen« ersetzt, andererseits dreht man beim Bescheißen jemandem Scheiße, also etwas Minderwertiges an. Dem wird es danach beschissen, also sehr schlecht gehen.

aus Scheiße Geld machen

Bedeutung: mit Tricks aus Wertlosem Kapital schlagen

Hintergrund: Die sehr derbe Redensart bezieht sich auf die alten Alchemisten, die versuchten, aus unedlen Stoffen Gold zu machen. Wem es gelingt, **»aus Scheiße Geld zu machen«**, vollbringt eigentlich ein noch viel größeres Wunder. Die immer negative Redensart unterstellt, dass es bei dem Geldzuwachs irgendwie unsauber zugeht. Man denkt unwillkürlich an den Esel im Märchen »Knüppel aus dem Sack«, der Dukaten scheißt. In den USA gibt es den ähnlichen, freilich positiven Ausdruck **»to make chicken salad out of chicken shit«**.

Die Kacke ist am Dampfen.

Bedeutung: Es gibt große Unannehmlichkeiten.

Hintergrund: »Scheiße« und »Kacke« stehen an sich schon für äußerst unangenehme Situationen. Die derbe Redensart steigert das Unangenehme noch, indem sie auf die noch warmen Exkremente hinweist und damit auf eine besonders frische, üble, stinkende Lage.

Literaturverzeichnis

Allgemein verweise ich vorab auf Wolfgang Mieders ungezählte Untersuchungen, die Zeitschrift »Proverbium« sowie Speziallexika und Wörterbücher zur – auch historischen – Idiomatik, die ich hier wegen der Menge nicht nennen kann.

Altmann, Sarah et al. (Hg.): Lebt denn der alte Bruegel noch? Pieter Bruegels »Die niederländischen Sprichwörter« (1559) im heutigen Europa. Greifswald 2013.

Bock, Bettina; Zeilfelder, Susanne; Ziegler, Sabine: Der Mensch und sein Körper. (Deutsche Wortfeldetymologie in europäischem Kontext. Bd. 1). Wiesbaden 2012.

Duden: Redewendungen. Redewendungen der deutschen Idiomatik. 4. Auflage. Berlin 2013

Duden: Wer hat den Teufel an die Wand gemalt? Redensarten – Wo sie herkommen, was sie bedeuten. 5. Auflage. Berlin 2018

Friedrich, Wolf: Moderne deutsche Idiomatik. Systematisches Wörterbuch mit Definitionen und Beispielen. München 1966.

Krohn, Karin: Hand und Fuß. Eine kontrastive Analyse von Phraseologismen im Deutschen und Schwedischen. Göteborg 1994.

Ni, Dan: Metaphern und Metonymien in deutschen und chinesischen Somatismen. Hamburg 2011.

Lexikon der Redensarten. Herkunft und Bedeutung deutscher Redewendungen. Hg. von Klaus Müller. München 2005.

Lutz Röhrich: Lexikon der sprichwörtlichen Redensarten. Freiburg 2003.

Schmidt, Walter: Dicker Hals und kalte Füße. Was Redensarten über Körper und Seele verraten. Eine heitere Einführung in die Psychosomatik. Gütersloh 2011.

Karl Friedrich Wilhelm Wander: Deutsches Sprichwörter-Lexikon. Ein Hausschatz für das deutsche Volk. Leipzig 1866–1880. [In verschiedenen Nachdrucken erhältlich und im Netz zu finden unter www.zeno.org]

Bibliografische Information der Deutschen Nationalbibliothek
Die Deutsche Nationalbibliothek verzeichnet diese Publikation in der Deutschen
Nationalbibliografie; detaillierte bibliografische Daten sind im Internet über
http://dnb.dnb.de abrufbar.

Es wurde größte Sorgfalt darauf verwendet, dass die in diesem Werk gemachten
Angaben korrekt sind und dem derzeitigen Wissensstand entsprechen. Für dennoch
wider Erwarten im Werk auftretende Fehler übernehmen Autor, Redaktion und
Verlag keine Verantwortung und keine daraus folgende oder sonstige Haftung.

Namen und Kennzeichen, die als Marken bekannt sind und entsprechenden Schutz
genießen, sind durch das Zeichen ® geschützt.

Aus dem Fehlen des Zeichens darf in Einzelfällen nicht geschlossen werden, dass
ein Name frei ist.

Das Wort **Duden** ist für den Verlag Bibliographisches Institut GmbH als Marke
geschützt.

© Duden 2020   D C B A
Bibliographisches Institut GmbH, Mecklenburgische Straße 53, 14197 Berlin

Redaktion Juliane von Laffert
Herstellung Maike Häßler
Layout und Satz Burga Fillery, Berlin
Umschlaggestaltung Schimmelpenninck.Gestaltung, Berlin
Umschlagabbildung Detlef Surrey
Illustrationen Detlef Surrey
Druck und Bindung
AZ Druck und Datentechnik GmbH, Heisinger Straße 16, 87437 Kempten

Printed in Germany
ISBN 978-3-411-71115-4

PEFC zertifiziert
Dieses Produkt stammt aus nachhaltig
bewirtschafteten Wäldern und kontrollierten
Quellen.

PEFC
PEFC/04-31-2260

www.pefc.de

www.duden.de